ALBERT HARI - CHARLES SINGER

RENCONTRER JESUS LE CHRIST AUJOURD'HUI

LIRE L'EVANGILE

EDITIONS DU SIGNE

A vous qui avez la chance d'ouvrir ce livre.

Dans votre vie, beaucoup de choses se décideront selon que vous saurez "Rencontrer Jésus le Christ".
Cette rencontre, qui est une chance - une grâce comme disent les chrétiens - il ne faut pas que vous la manquiez.

Pour rencontrer vraiment Jésus, il faut le connaître. Ce livre a été fait avec beaucoup de soin et beaucoup d'amour pour vous aider à connaître Jésus. Il ne vous dira pas tout ce que peuvent dire l'Évangile tout entier ou un Catéchisme pour jeunes ou pour adultes. Il ne vous apprendra pas tout ni sur Jésus, ni sur son Eglise, ni sur ce que croient et ce que vivent les chrétiens.

Mais il vous donnera un bon et juste regard sur qui est Jésus en lui-même et sur ce qu'il est pour chacun qui l'accueille. En une route à étapes situées dans le Nouveau Testament, et dont chacune comprend trois moments, il vous apportera la joie de le rencontrer dans la vie quotidienne et d'abord par la prière et dans le partage et le service qui brisent les barrières du "chacun pour soi".

Si vous savez faire de ce livre un compagnon, vous aurez envie d'en savoir encore plus et c'est Jésus qui deviendra votre compagnon. Il gardera toujours une part de mystère, mais si vous le voulez, il sera pour vous un ami vrai, fidèle et sur qui vous pourrez toujours compter.

Parce que je vous veux du bien, c'est cela, qui est une piste vers le bonheur que je souhaite pour vous.

+ Charles Amarin BRAND,
Archevêque de Strasbourg

INTRODUCTION

*Ce livre voudrait aider
à rencontrer Jésus le Christ
tel qu'on le découvre dans les Évangiles.
Cette rencontre est bouleversante :
elle change l'existence !
Lorsqu'on rencontre Jésus le Christ,
la vie, l'amour, la solidarité, le partage,
la lutte pour la justice, la foi,
l'espérance sont éclairés
d'une lumière radicalement nouvelle.*

*Ce livre voudrait éveiller
le désir brûlant de chercher,
de contempler, d'écouter et
de mettre en pratique la Parole
de Celui qui révèle la tendresse de Dieu
et la présente, en cadeau,
à tous les habitants de la terre.*

*Ce livre voudrait épanouir
la joie de connaître Jésus le Fils
et de vivre en sa présence
à travers une existence offerte par amour
à son image et à sa ressemblance.*

*Ce livre est une invitation à la rencontre.
Y répondrez-vous ?*

CE LIVRE EST DIVISÉ EN TROIS GRANDES PARTIES :

- LA PREMIERE PARTIE :
l'Histoire

Cette partie situe les événements et la vie de Jésus à son époque, présente la naissance des Évangiles et montre comment l'Évangile reste Bonne Nouvelle pour aujourd'hui.

-LA DEUXIEME PARTIE :
la Bonne Nouvelle

Cette partie chemine à travers les quatre Évangiles. On y découvre Jésus le Christ, depuis sa naissance jusqu'à l'envoi de l'Esprit Saint. Chacun des 40 chapitres propose un moment important de la vie de Jésus. Ainsi ses paroles, ses gestes, ses actes, ses miracles, ses paraboles, sa Bonne Nouvelle s'ouvrent à nos yeux de chercheurs. Chacun des 40 chapitres, chaque "moment" de la vie de Jésus-Christ, est présenté de façon identique :

-au temps de Jésus : pour situer l'événement au temps de Jésus,

-au temps des Évangiles : pour montrer comment cet événement a été relu et compris au temps de la rédaction des Évangiles,

-le texte de l'Évangile : le passage d'un des quatre Évangiles, avec des questions pour mieux entrer dans sa compréhension

-vivre aujourd'hui : comment cet événement met en mouvement la vie des hommes et des femmes d'aujourd'hui,

-prier aujourd'hui : comment cet événement inspire notre prière et notre action aujourd'hui.

-LA TROISIEME PARTIE :
les Mots

Cette partie propose par ordre alphabétique, à la façon d'un petit dictionnaire, l'explication d'un certain nombre de mots utilisés très souvent dans les Évangiles ou dans la Bible en général et dont le sens mérite d'être précisé. Ainsi la richesse de l'univers biblique devient plus vite accessible.

I

L'histoire

AU TEMPS DE JÉSUS

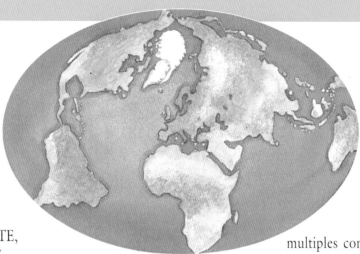

NOTRE PLANÈTE, IL Y A 2000 ANS.

Au moment de la naissance de Jésus, la terre compte quelque 180 millions d'habitants.Cela fait environ 4 millions d'années que des êtres humains vivent sur notre planète. Ils ont déjà découvert beaucoup de choses : la poterie, le tissage, le fer, la roue, l'agriculture, l'élevage, l'écriture, la peinture, la musique, les mathématiques et même l'astronomie. Mais ils n'ont aucune idée de la machine à vapeur, de l'électricité, du chemin de fer, des voitures, des avions, de la télévision, des ordinateurs.

À TRAVERS LES CONTINENTS.

À cette époque, l'AMÉRIQUE est déjà peuplée depuis environ 25 000 ans. Ses habitants sont répartis sur de vastes territoires. Ainsi dans le froid du Nord, les Inuits chassent le phoque et le caribou. Dans la région humide et chaude du golfe du Mexique, la civilisation des "gens du caoutchouc" (des Olmèques) fleurit déjà. En AFRIQUE du Nord, les pyramides égyptiennes ont plus de 2 000 ans. Mais la plus grande partie du continent est peuplée de tribus diverses et encore très peu connues. Les rares habitants de l'AUSTRALIE vivent de la cueillette et de la chasse. En ASIE, en revanche, la Chine forme un puissant empire protégé par sa muraille vieille de deux siècles. Le Japon est encore divisé en de multiples communautés. Elles connaissent la culture du riz et le métal.

L'EMPIRE ROMAIN.

Dans le sud de l'EUROPE, autour de la mer Méditerranée, les troupes de l'empereur de Rome occupent de nombreux pays. On les appelle aujourd'hui : l'Italie, l'Espagne, le Portugal, la France, la Grèce, la Bulgarie, la Turquie, la Syrie, le Liban, Israël, l'Égypte, la Libye, la Tunisie, l'Algérie, le Maroc. Hors des frontières vivent ceux que les Romains nomment "les Barbares". Il s'agit des Celtes (en Grande-Bretagne et en Irlande), des Germains venus de Scandinavie, des grands peuples nomades des steppes se déplaçant entre le Danube et la Chine.

LA RELIGION.

Tous ces hommes et ces femmes ont une certaine religion. La plupart sont polythéistes : ils croient en plusieurs divinités. Ils expliquent souvent les choses naturelles par l'intervention des esprits ou des dieux. Le culte des dieux joue un rôle important dans la société. Il existe aussi de grandes religions : le bouddhisme en Inde, le confucianisme en Chine et le judaïsme en Palestine. Depuis longtemps, les Juifs attendent un libérateur envoyé par Dieu.

"DIEU LIBÉRATEUR"

A cette époque, un couple juif de Palestine, Joseph et son épouse Marie sont en déplacement dans une ville du sud, à Bethléem. C'est là que Marie met au monde son premier-né, un garçon auquel on donne le nom de Jésus. Cela signifie : "Dieu libère" ou "Dieu libérateur". C'est son prénom. On n'utilise pas encore de nom de famille. Mais on fait suivre le prénom du nom du père. L'enfant sera donc appelé : "Jésus, fils de Joseph".

UN PETIT VILLAGE

La famille retourne ensuite à Nazareth. C'est un petit village, à flanc de colline, dans le nord du pays, en Galilée. C'est là que Jésus passe son enfance, sa jeunesse, son adolescence et une grande partie de sa vie d'adulte. Les Évangiles parlent très peu de cette partie de la vie de Jésus. Mais il n'est pas difficile de se la représenter .

LA LANGUE

Jésus vit comme les enfants de son temps. Il apprend à parler l'araméen avec l'accent de la région. Il commence à balbutier "immah" (maman) et "abbah" (papa). Plus tard, il apprend l'hébreu, la langue sacrée. L'araméen et l'hébreu ressemblent un peu à l'arabe. Il utilise aussi quelques mots grecs ou latins employés par les soldats, les commerçants et l'administration romaine.

LA VIE DE TOUS LES JOURS

À Nazareth, il découvre la vie d'un village. Il voit sa mère chercher l'eau à la fontaine, préparer la pâte avec de la levure, assaisonner la nourriture avec des épices. Il voit son père travailler comme artisan, transporter des poutres. Il regarde passer le berger à la tête de son troupeau, le semeur jeter les graines, le vigneron tailler sa vigne. Il apprend à lire les signes du temps : "Demain, il fera beau".

Il a des copains. Ensemble ils jouent sur la place du village. Ensemble ils grandissent. Plus tard, ils auront de la peine à reconnaître en Jésus quelqu'un de différent d'eux. En lui ils voient toujours "le fils du charpentier" !

L'ESPOIR DES PAUVRES

Jésus découvre la misère : des mendiants, des malades, des lépreux, des orphelins, des pauvres, des esclaves, des prisonniers, des gens laissés pour compte. De ce petit peuple, il se veut proche. Vis-à-vis d'eux, il est favorisé. Il partage leur espoir de vivre autrement. Il entend parler de révoltés qui veulent chasser l'occupant et dont certains sont crucifiés par les Romains.

Tout cela le marque profondément. Non pas comme une image de télévision que l'on voit aujourd'hui et qui demain sera oubliée, mais comme une pluie fine et régulière qui pénètre le sol, jour après jour, et qui lui permet de donner des fruits à l'avenir.

FILS DE LA LOI

Jésus est juif. Comme tout garçon juif, il a été circoncis huit jours après sa naissance. Son éducation religieuse commence en famille. Le sabbat, il accompagne son père à la synagogue. Il y découvre le livre de la Loi (les premiers livres de la Bible). A l'école de la synagogue, il apprend en hébreu les prières, les commandements et la lecture de la Loi. Il doit lire publiquement un passage de ce livre. Comme son père, il peut se recouvrir du tallith (un châle) pour aller à la maison de prière.

LES FÊTES

Tout au long de l'année, les fêtes l'aident à se souvenir de l'histoire de son peuple. Le Nouvel An rappelle la création du monde. La Pâque lui fait revivre la libération des Hébreux sortis d'Égypte avec Moïse. La Pentecôte rappelle le don de la Loi au Sinaï. La fête des Tentes évoque le souvenir de la marche du peuple dans le désert.

AU TEMPLE

A douze ans, Jésus se rend avec ses parents à Jérusalem. Que de découvertes : la ville séculaire, la splendeur de la construction du Temple, la rencontre de milliers de pèlerins venus de nombreux pays, la foule des commerçants, la présence hautaine des soldats romains, les discussions avec les docteurs de la Loi. En entrant au Temple, Jésus découvre aussi comment les gens sont classés par catégories. Il y a des endroits spéciaux réservés aux païens, aux femmes, aux hommes israélites, aux prêtres, au grand-prêtre.

LE CHARPENTIER

De douze à trente ans environ, Jésus continue à vivre à Nazareth. Il aide, puis remplace Joseph comme charpentier du village. Il travaille de ses mains pour vivre. Pendant tout ce temps, quelque chose mûrit dans son cœur. Il découvre davantage qui est Dieu et qui il est lui-même. Ni ses compatriotes, ni ses amis, ni ses parents ne comprennent ce qui se passe. Un jour, il décide de faire le pas. Il quitte son village. Il a quelque chose à apporter à tous les hommes et à toutes les femmes. De la vie cachée, il passe à la vie publique. C'est la quinzième année de Tibère César, l'année 27 de notre ère.

UN PERSONNAGE ÉTRANGE

Des foules, venant de tous les coins du pays, affluent vers le Jourdain auprès d'un homme étrange. Il est vêtu de poils de chameau et mange la nourriture du désert : des sauterelles et du miel sauvage. Il annonce des événements terribles et appelle chacun à se convertir : à changer de cœur et de conduite. Comme signe de ce changement, il fait descendre les gens dans l'eau du Jourdain pour les baptiser. Ils en remontent tout transformés. Cet homme s'appelle Jean. On le surnommera Jean le Baptiste. C'est le petit cousin de Jésus.

QUELLE ROUTE SUIVRE ?

Jésus, parti de Nazareth, rejoint le Jourdain. Il se fait baptiser par Jean. C'est un moment décisif, tellement important, que Jésus doit se retirer dans le désert pour prier. Il réfléchit à son avenir. Quelle route suivre ? Il est tenté par un succès facile. Une telle idée ne peut venir que du Malin. Il choisit la route difficile. Elle aboutira à son exécution sur une croix. Mais elle ouvre une route nouvelle pour l'Humanité tout entière. Revenu du

désert, Jésus rejoint Jean-Baptiste. Pas pour longtemps. En effet, le roi Hérode Antipas fait mettre Jean en prison dans une forteresse de l'autre côté de la mer Morte. Il n'apprécie pas les reproches de Jean sur sa vie privée. Il craint même que les disciples du Baptiste ne fomentent une révolte.

UNE ÉQUIPE

Jean a préparé la route. Maintenant, c'est à Jésus de jouer. Il n'agit pas seul. Il ne "joue pas personnel". Il constitue une équipe. Où va-t-il chercher ses compagnons ? Il n'appelle ni des prêtres de Jérusalem, ni des chefs, ni des savants. Il choisit des pêcheurs, des artisans, un douanier, des hommes du peuple. Un groupe de femmes se joint à eux. Cette équipe se déplace à pied sur les routes de Galilée, dans les villages, au bord du lac.

LE ROYAUME

Le message de Jésus est simple. Il annonce le Royaume de Dieu (ou des Cieux). Ce mot ne nous dit pas grand-chose aujourd'hui. Mais pour les contemporains de Jésus, il évoque un changement total, la disparition de la misère, de la pauvreté, de la faim et aussi de l'occupation romaine. Il annonce une époque où régneront la justice, la paix et le bonheur. Les paroles de Jésus sont reçues comme la Bonne Nouvelle de Dieu.

GUÉRIR !

De nombreux malades se pressent sur la route de Jésus : des aveugles, des boiteux, des paralysés, des sourds, des muets, des lépreux, des malades mentaux. Ils ne sont pas seulement touchés dans leurs cœurs. Ils sont mis à l'écart, obligés de mendier. On les regarde comme punis par Dieu ou possédés d'un esprit impur. Guérir, pour eux, ne signifie pas seulement retrouver la santé, mais aussi l'estime, l'amitié des hommes et le pardon de Dieu. Ils voient en Jésus un guérisseur. Il y en a beaucoup à cette époque où la médecine est peu développée. Ils implorent la guérison. Jésus leur impose les mains, leur demande de croire en lui, leur rend la santé. Il ne fait pas de gestes magiques. Il ne se fait pas payer. Il partage l'espérance des malades. Dans la guérison, il voit un signe du Royaume de Dieu.

SUSPECTÉ

Le groupe de Jésus, ses apôtres et ses disciples, fréquente tout le monde librement : les pauvres et les riches, les artisans et les paysans, les douaniers et les soldats romains, les juifs et les étrangers, les hommes et les femmes, les adultes et les enfants. Une telle liberté dérange les chefs de la religion officielle.

Pour eux, il y a d'une part, les "gens bien" que l'on peut fréquenter (les purs) et d'autre part, les gens "non fréquentables" (les impurs). Les chefs des prêtres envoient des "inspecteurs" pour surveiller Jésus et le prendre en défaut : "Tu manges avec les publicains et les pécheurs ! Tu ne respectes pas la loi de Moïse ! Tu ne jeûnes pas comme c'est prescrit !" Ils sont surtout jaloux de Jésus, car sa parole vient du cœur. Il enseigne avec autorité. Il ne répète pas comme eux des formules vides de sens.

QUI EST-IL DONC ?

Petit à petit, une question surgit : "Qui est donc Jésus ? D'où vient-il ? Est-ce un prophète ? Est-ce cet envoyé de Dieu que l'on attend depuis longtemps, le Messie ?" Ses ennemis disent qu'il est possédé du diable. Jésus ne fait pas de grandes déclarations. Il agit dans l'esprit des prophètes. Il porte la Bonne Nouvelle. Il fait le bien. Il parle à Dieu en toute intimité, comme à un père. De temps en temps, il fait allusion à la figure mystérieuse d'un "Fils d'Homme". On attend à l'époque un "Fils d'Homme" qui viendra juger le monde à la fin des temps.

UNE FÊTE POPULAIRE

Des foules de plus en plus nombreuses suivent Jésus. Il n'arrive plus à leur échapper. Il leur parle. Il les guérit. Il les nourrit. Les Évangiles gardent le souvenir d'un rassemblement de milliers de personnes où tous sont rassasiés à partir du partage de quelques pains et poissons. Alors, c'est la fête populaire, l'enthousiasme. "C'est un tel chef qu'il nous faut ! Faisons-en notre roi ! Il vaut mieux que Hérode ou César !" On est près de l'insurrection. Jésus voit la tentation. Il refuse. Les gens sont déçus. Ils rentrent chez eux. Beaucoup de ceux qui s'étaient attachés à lui le quittent. Ils n'ont pas compris qu'il n'est pas venu pour chasser les Romains. Ils n'ont pas compris le signe du pain partagé. La grande fête du partage se termine sur un échec.

À L'ÉTRANGER

Le mieux, c'est de quitter la Galilée. Avec le petit groupe qui lui reste fidèle, Jésus se rend à l'étranger, en terre païenne, de l'autre côté du Jourdain. Il peut ainsi échapper aux Galiléens qui ne le comprennent pas, aux scribes et aux pharisiens qui continuent à l'espionner, à Hérode qui cherche à le tuer. Par ces voyages hors des frontières (Jésus va aussi en Phénicie et en Samarie), il veut montrer qu'il n'est pas venu seulement pour les fils d'Israël, mais pour tous les hommes. Il prend le temps de réfléchir avec ses amis avant de se mettre en route pour l'étape décisive de sa vie.

JÉRUSALEM

C'est le printemps. En mars et en avril, à travers tout l'Empire romain et surtout en Palestine, de nombreux Juifs se préparent pour le pèlerinage de la Pâque à Jérusalem. Il s'agit d'un grand rassemblement en souvenir de la libération du peuple par Moïse et son Dieu. Jérusalem, vingt-cinq mille habitants, est la capitale du petit Etat juif. Sa population fait plus que doubler lors des pèlerinages. C'est aussi l'ancienne ville royale de David, du temps où Israël était un peuple libre. Des constructions imposantes dominent la ville. On y trouve les autorités qui dirigent l'État : le grand prêtre, chef politique et religieux ; Ponce Pilate, le gouverneur envoyé par Rome avec des troupes pour surveiller tout ce qui se passe ; le Grand Conseil ou Sanhédrin formant aussi un tribunal composé de grands prêtres, d'anciens et de scribes. Pour la fête de la Pâque, tout ce monde est sur les dents. Il faut avant tout éviter une émeute contre Rome.

TREMBLANTS DE PEUR

Cette année, Jésus décide de se rendre à Jérusalem pour la Pâque. Ce n'est pas la première fois. Mais c'est la première fois qu'il s'y rend publiquement. Ses compagnons essayent de l'en dissuader : "Tu es fou ! Tu vas te heurter aux chefs du peuple ! Tu sais bien qu'ils te font espionner depuis longtemps. Ils vont s'emparer de toi et te mettre à mort. En allant à Jérusalem, tu te jettes dans la gueule du loup !" Jésus sait ce qui l'attend. Mais il a pris sa décision. Un prophète doit porter son message jusque dans la capitale, au péril de sa vie. Ses disciples le suivent, tremblants de peur.

SUR UN ÂNE

Des amis de Galilée les rejoignent sur la route. Approchant de Jérusalem, Jésus monte sur un âne. Il veut montrer qu'il vient pour faire la paix. Le cheval, au contraire, est la monture du guerrier. D'autres amis sont déjà dans la capitale. Ils viennent à sa rencontre. La foule grossit de plus en plus. C'est la fête ! Des cris de sympathie jaillissent : "Vive celui qui vient au nom du Seigneur ! Vive celui qui vient de la part de David !" Beaucoup pensent que Jésus est le nouveau David, un roi qui chasserait les Romains et rétablirait la liberté d'Israël.

LA COUPE DÉBORDE

La dernière semaine commence. Pour la nuit, Jésus va loger chez des amis à Béthanie, dans un village situé à trois kilomètres de Jérusalem. De jour, il se rend au Temple avec ses apôtres.

L'esplanade du Temple est devenue un vaste supermarché d'animaux destinés aux sacrifices : bœufs, moutons, chèvres, volailles. Les prêtres sont d'accord avec ce commerce. Ils en tirent un certain profit. Jésus se fâche. Il fait vider les lieux. Le Temple est la maison de Dieu et non une caverne de brigands. Les responsables réagissent. Jésus a touché à leur autorité et à leur argent. Il les gêne depuis longtemps. Maintenant, la coupe est pleine. Il faut se débarrasser de lui.

REPAS D'ADIEU

Jésus continue à enseigner au Temple. Il n'y va pas de main morte. Il dénonce l'injustice des chefs du peuple. Il annonce le jugement. Pendant ce temps, ses ennemis préparent leur coup. Comment faire pour arrêter Jésus discrètement ? Comment faire pour le trouver, de nuit, parmi la foule des pèlerins ? Judas, l'un des Douze, le traître, vient à leur aide.

Le jeudi soir, Jésus et ses apôtres se retrouvent pour le repas de la Pâque. L'instant est solennel et recueilli. Les gestes et les paroles de Jésus resteront gravés dans le cœur de ses amis : "Ceci est mon corps, livré pour vous. Ceci est mon sang, versé pour vous."

ENCHAÎNÉ

Après le repas, ils sortent de la ville. Ils pensent passer la nuit dans une propriété plantée d'oliviers.

Jésus comprend que son heure est venue. Il l'accepte. La troupe, conduite par Judas, les rejoint. Jésus est arrêté, enchaîné, traîné devant un tribunal réuni à la hâte, durant la nuit. Ses amis se dispersent. Pierre prend peur. Il renie Jésus. Le Grand Conseil juif accuse Jésus de vouloir détruire le Temple. On le conduit devant Pilate. Ce gouverneur romain est maladroit et lâche. Il a peur. Il ne veut pas se faire mal voir par César. Il comprend que Jésus est innocent. Il essaye de le sauver. C'est peine perdue. En fin de compte, il le livre pour être crucifié. Il se lave les mains.

ENTRE DEUX RÉVOLTÉS

Jésus porte lui-même l'instrument de son supplice. Il est crucifié entre deux révoltés sur un petit monticule, devant la porte de Jérusalem. Le motif officiel de sa condamnation est placé en haut de la croix : Jésus de Nazareth, roi des Juifs (INRI, Jésus Nazarenus Rex Iudaeorum). C'est une agonie terrible et humiliante devant la foule curieuse, les ennemis moqueurs et les amis désespérés.

Jésus meurt à quinze heures. C'est la veille du sabbat. Il faut faire vite pour descendre les corps des croix. Ses compagnons d'infortune ne sont pas encore morts. Les soldats les achèvent.

LA PIERRE ROULÉE

Joseph d'Arimathie, propriétaire d'un jardin près du lieu de l'exécution, offre sa tombe pour le corps de Jésus. Descendu de la croix, il est posé à la hâte dans le sépulcre creusé dans le roc. Une grosse pierre est roulée devant l'entrée. Le repos du sabbat commence. Ce sabbat est normalement un jour de fête. Pour les amis de Jésus, c'est un jour de deuil. Ils sont comme des orphelins, tristes et abandonnés, déçus, sans espoir, apeurés. Qui sait si la police ne les recherche pas ? Tous les espoirs qu'ils avaient mis en Jésus sont évanouis, morts avec lui. Il ne leur reste plus qu'une chose à faire : embaumer le corps de leur maître. Ensuite, ils pourront rentrer chez eux et reprendre leur vie d'avant.

LE TOMBEAU VIDE

Le dimanche matin, les femmes se rendent au tombeau pour embaumer le corps. C'est la surprise, l'étonnement, la stupéfaction, la peur. La pierre fermant l'entrée du tombeau est roulée de côté. Le corps de Jésus a disparu. Le tombeau est vide. Que s'est-il passé ?

Bientôt, les témoignages se multiplient. Des femmes, des apôtres, des amis de Jésus disent l'avoir vu vivant, dans le jardin, dans une salle, sur la route, au bord du lac. Ils ne l'ont pas reconnu tout de suite. Ils ont hésité. Parfois, ils ont eu peur. Parfois, ils ont douté. Mais ensuite ils le reconnaissent à un geste (le pain partagé), à une parole ("Marie"), à un regard. Le doute a disparu. Ils sont sûrs. Jésus est vivant. Il s'est réveillé, levé d'entre les morts.

UNE VIE NOUVELLE

Jésus n'est pas vivant comme un cadavre qui renaît. Il n'a pas retrouvé sa vie mortelle d'avant la crucifixion. Il est transformé : "Mort à la chair, il a été rendu à la vie selon l'Esprit" (1 P 3, 18).

Cette expérience unique des amis de Jésus ne dure que quelque temps. Mais elle leur donne la force de continuer ce qu'il a commencé... Ils reçoivent l'Esprit de Jésus, l'Esprit de la Pentecôte. Il les aidera à aller jusqu'au bout du monde. Une nouvelle page de l'histoire commence, celle de la naissance de l'Église.

AU TEMPS DES ÉVANGILES

De son vivant, Jésus n'a rien écrit. Il a été crucifié en l'an 30.
Les Évangiles ont été rédigés entre 70 et 95 environ,
donc plus de quarante ans après la mort de Jésus.
Que s'est-il passé pendant ces années ?

LES PREMIERS CHRÉTIENS

Les amis de Jésus se ressaisissent. Ils ne baissent pas les bras. Avec la force de son Esprit, ils annoncent autour d'eux : "Cet homme que vous avez crucifié, Dieu l'a ressuscité. C'est le Christ Seigneur !" Cela ne fait pas plaisir à ceux qui ont tué Jésus. Au début, les amis de Jésus continuent à fréquenter le Temple de Jérusalem. On les regarde toujours comme des Juifs, comme une sorte de secte juive. Bientôt, ils sont suspectés et persécutés. Étienne est lapidé en l'année 37 : c'est le premier martyr. Ils quittent Jérusalem. Ils annoncent l'Evangile en Samarie, en Galilée, en Syrie. Antioche, la troisième ville de l'Empire romain, devient un centre important pour eux. C'est là que, pour la première fois, on les appelle : "chrétiens", ceux qui suivent le Christ.

LE PERSÉCUTEUR CONVERTI

Paul est un pharisien farouche. Il a reçu mission des prêtres de Jérusalem pour rechercher les chrétiens et les emprisonner. En route vers Damas, il comprend que persécuter les chrétiens et persécuter Jésus, c'est la même chose. C'est une grande lumière pour lui. Il va retrouver des chrétiens. Il devient chrétien. Il prend le temps pour réfléchir et prier. Il devient l'apôtre le plus audacieux. Pendant plus de vingt ans, il parcourt l'Empire romain et fonde des communautés dans de nombreuses villes. Il les visite. Il leur écrit des "lettres" (les Épîtres de Paul) pour répondre à leurs problèmes et les aider dans leur vie et leur foi.

PORTES OUVERTES

Paul s'adresse d'abord aux gens de la "diaspora". On appelle ainsi les Juifs (ils sont environ quatre millions) qui vivent hors de Palestine dans les villes de l'Empire. Très vite, des païens se joignent à eux. Il y a donc deux catégories de chrétiens : ceux qui viennent du judaïsme et ceux qui viennent du paganisme (monde païen). Les premiers observent encore la loi juive. Ils utilisent la Bible. Les seconds ne connaissent les traditions juives que de loin. La question se pose pour eux : "Pour devenir chrétien, doivent-ils aussi observer la loi juive ?" En l'année 49, les apôtres, réunis à Jérusalem, décident d'ouvrir largement les portes aux chrétiens venus du paganisme. Ils n'ont pas besoin d'observer la loi juive.

UN DÉBUT D'ORGANISATION

Pendant les dizaines d'années qui suivent la mort de Jésus, les communautés chrétiennes se multiplient et commencent à s'organiser. Les chrétiens se réunissent souvent. Ils prient ensemble. Ils se souviennent des paroles et des actes de Jésus. Ils refont ses gestes. Ils partagent le pain de l'Eucharistie. Ils se choisissent des chefs. Aux apôtres se joignent des diacres et des anciens. Ils mettent en commun leurs biens. Ils annoncent la Bonne Nouvelle.

LA MÉMOIRE DES CROYANTS

Cette Bonne Nouvelle est d'abord orale. Au début, les apôtres ne jugent pas utile d'écrire une vie et un enseignement de Jésus. Tout le monde se souvient de lui. Ses

amis gardent dans le cœur le souvenir de ce qu'il a fait : ses rencontres avec les malades, les pécheurs, les pharisiens ; les guérisons qu'il a opérées, les discussions avec les chefs du peuple, les scandales provoqués au Temple ou par le non-respect de la loi juive, les enseignements imagés des paraboles. Il est facile de raconter ce qu'on a vu.

Beaucoup, cependant, sont encore choqués par la mort humiliante de Jésus. Les apôtres cherchent dans l'Écriture des passages qui montrent qu'il était normal que le Messie dût souffrir.

LES PREMIERS ÉCRITS

Petit à petit, on se met à écrire. On rassemble des collections de paroles de Jésus, des paraboles, des récits de guérison, des discussions avec les pharisiens. Ce ne sont que des recueils divers existant dans différents groupes ou villages.

Mais le temps passe. Ceux qui ont connu Jésus vieillissent. Ils vont bientôt mourir. De nouveaux chrétiens désirent en savoir plus sur la vie du Seigneur. Il faut songer à tout mettre par écrit pour ne rien perdre. Ceci est d'autant plus nécessaire que la situation est difficile. En 64, les chrétiens sont persécutés à Rome par l'empereur Néron. Il les accuse d'avoir mis le feu à la ville. Entre 66 et 70, une guerre terrible entre Juifs révoltés et Romains ravage la Palestine. Elle se terminera par la destruction du Temple de Jérusalem. Il ne sera plus jamais reconstruit. A partir de cette date, les chrétiens sont totalement séparés du judaïsme. Ils volent de leurs propres ailes !

QUATRE REGARDS SUR JÉSUS

Les Évangiles sont autre chose qu'un reportage fait au jour le jour sur la vie de Jésus. Ils ont été écrits plus de trente ans après sa mort. Ils ont été écrits par quatre auteurs, à des dates et des lieux différents. Ils nous donnent quatre regards complémentaires sur Jésus. Ils nous montrent comment Marc, Luc, Matthieu et Jean ont compris la vie de Jésus à la lumière de la Résurrection. Ils savent que Jésus de Nazareth est le Messie, le Christ, le Fils de Dieu, le Seigneur.

DES PROBLÈMES NOUVEAUX

Mais les évangélistes ne disent pas seulement ce dont ils se souviennent. Ils ne disent pas seulement ce qu'ils croient. Ils s'adressent aux chrétiens de leur temps. Ils essayent - en racontant l'action de Jésus - de répondre à leurs questions : Comment prier ? Comment interpréter l'Écriture ? Quelle attitude prendre face à l'empereur qui se dit Dieu ? Faut-il encore pratiquer la loi juive ? Comment transmettre le message ? Comment aider les pauvres ? Quel est le plus grand commandement ? Comment envisager l'avenir ? Comment rester unis quand on est à des milliers de kilomètres les uns des autres ? Quelle attitude prendre vis-à-vis des pharisiens ? Comment choisir les responsables des communautés ?

MARC, LE COMPAGNON DE PIERRE

Marc est originaire de Jérusalem. Il ne fait pas partie des douze apôtres. Il voyage d'abord avec Paul, puis avec Pierre, pour annoncer la Bonne Nouvelle. Celui-ci est tué lors de la persécution de Néron en l'an 64. Marc rédige alors son Evangile. Il veut conserver et transmettre l'enseignement de Pierre.

Il s'adresse en premier lieu aux chrétiens de Rome. Parmi eux, il y a des Juifs, des Grecs, des Romains, des esclaves, des hommes libres. Il écrit en grec. Sa langue est simple comme celle de Pierre, le pêcheur du lac de Galilée. Il annonce la "Bonne Nouvelle de Jésus Christ, Fils de Dieu" (Mc 1, 1).

JÉSUS, FILS DE DIEU

Marc présente Jésus parcourant le pays en faisant le bien. Il guérit les malades, chasse les démons, commande à la nature et triomphe de la mort. Dès le baptême, puis à la Transfiguration, Dieu révèle que Jésus est son "Fils bien-aimé" (Mc 1,11; 9,7) Les démons essayent de divulguer ce titre (Mc 3,11 ; 5,7). Jésus leur impose le silence. C'est seulement à son procès que Jésus accepte d'être appelé "le Fils de Dieu béni" (Mc 14, 61-62).

Le seul homme qui - dans l'Évangile de Marc - proclame sa foi au "Fils de Dieu" est le centurion romain au pied de la croix. Marc veut montrer ainsi que les païens sont également capables de reconnaître qui est Jésus (Mc 15, 39). N'écrit-il pas à des Romains ?

Vous trouverez des textes de Marc dans ce livre aux chapitres: 5, 7, 8, 9, 10, 11, 16, 18, 19, 20, 21, 24, 25, 26, 27, 28, 32, 33, 36.

LUC, LE MÉDECIN

Luc est d'origine grecque. C'est un païen converti. Il est médecin. Il est compagnon de Paul. Il voyage avec lui. Avec lui, il découvre la misère des ports de la Méditerranée. Il s'adresse de préférence à ceux qui ont perdu l'espoir, aux pauvres, aux femmes, aux esclaves. Il n'a pas connu Jésus. Mais, il s'est informé soigneusement auprès de témoins encore vivants, dont Marie la mère de Jésus. Il fait suivre son Évangile d'un deuxième livre, les Actes des Apôtres qui racontent la naissance de l'Église. Luc écrit autour des années 80. Il s'adresse à des chrétiens vivant en terre païenne. Il rédige son texte dans une très belle langue grecque.

JÉSUS, BONTÉ DE DIEU

Luc raconte d'abord de façon merveilleuse la naissance de Jésus. Il nous présente ensuite un Jésus plein de bonté. Il est dur vis-à-vis des riches. Mais il est accueillant vis-à-vis des petits, des pauvres, des malheureux, des femmes, des étrangers. Il se fait l'ami des pécheurs, car "Il est venu chercher et sauver ce qui était perdu" (Lc 19, 10). Il témoigne de la bonté de Dieu pour les hommes et pour les femmes.

Vous trouverez des textes de Luc dans ce livre aux chapitres 1, 2, 4, 6, 22, 23, 35, 37, 39, 40.

D'autre part, vous pouvez chercher dans votre Évangile des passages qui montrent l'attitude de Jésus face aux pauvres et aux pécheurs : la résurrection du fils de la veuve de Naïm (Lc 7, 11-17) ; la visite inattendue de Jésus chez Zachée, le collecteur d'impôts méprisé (Lc 19, 1-10), la parabole du pharisien orgueilleux et du publicain pardonné (Lc 18, 9-14).

MATTHIEU, LE COLLECTEUR D'IMPÔTS

Matthieu, ou Lévi, est originaire de la Palestine. Il est collecteur d'impôts, puis apôtre. Il connaît donc Jésus personnellement. Son Évangile, écrit entre 80 et 90, en grec, a peut-être connu une première mouture en araméen. Il s'adresse à des chrétiens venus du judaïsme et habitant en Syrie-Palestine. Ces communautés risquent parfois de se refermer sur elles-mêmes. Il faut les aider à s'ouvrir aux chrétiens venant d'ailleurs.

JÉSUS, FILS DE DAVID

Matthieu écrit pour des gens qui connaissent l'histoire du peuple de la Bible. Il leur présente Jésus comme enraciné profondément dans cette histoire. Son Evangile commence par la généalogie humaine de "Jésus-Christ, fils de David, fils d'Abraham" (Mt 1, 1). On l'appelle "Christ" (Mt 1, 16) le Messie du véritable Israël. Il vient accomplir ce qu'ont annoncé les prophètes. Il est le Fils de l'Homme qui reviendra à la fin des temps pour juger chacun selon ses actes. Il est le "Fils du Dieu vivant" (Mt 16, 16).

Vous trouverez des textes de Matthieu dans ce livre, aux chapitres 3, 12, 13, 14, 17, 29, 30, 31. Vous pourriez aussi regarder dans votre Évangile, avec quelle dureté Matthieu traite les pharisiens. Ceux-ci ne s'opposaient pas seulement à Jésus, mais ils continuent à s'opposer aux communautés chrétiennes (Mt 23, 1-36).

JEAN LE MYSTIQUE

Jean est le plus jeune des apôtres, "celui que Jésus aimait". Il vient d'une famille de pêcheurs du lac de Galilée. Son Évangile est très différent des trois premiers. Il écrit autour des années 90 dans une communauté du monde grec, probablement en Asie Mineure (la Turquie actuelle).

Son Évangile comporte deux caractéristiques opposées : d'une part, il est le résultat d'une longue méditation. Sa pensée s'élève très haut. Il parle souvent d'Amour, de Lumière, de Vérité. D'autre part, il garde des souvenirs très précis de la vie du temps de Jésus : les noms des lieux, les dates, les constructions, l'opposition entre Juifs et Samaritains, les coutumes d'enterrement, les gestes de purification.

JÉSUS, PAROLE DE DIEU

Jean présente Jésus comme la Parole éternelle qui vient d'auprès de Dieu dans le monde (Jn 1, 9). "Dieu a tant aimé le monde qu'il lui a donné son Fils unique" (Jn 3, 16). Il vient pour que tous aient la vie en abondance. Il accomplit des actes qui sont des signes. L'eau changée en vin, au mariage de Cana, signifie l'Alliance nouvelle de Dieu avec les hommes. La multiplication des pains annonce le don du pain de l'Eucharistie. La guérison de l'aveugle-né rappelle que Jésus est la lumière du monde. La résurrection de Lazare montre qu'il est le maître de la vie.

Vous trouverez des textes de Jean dans ce livre aux chapitres 15, 34, 38. Vous pourriez aussi chercher quelques autres passages de Jean : Le poème d'introduction (Jn 1, 1-18), le signe de Cana (Jn 2, 1-11), la guérison de l'aveugle-né (Jn 9, 1-41), la résurrection de Lazare (Jn 11, 1-46), la parabole du bon pasteur (Jn 10, 1-21), la parabole de la vigne (Jn 15 , 1-17), le lavement des pieds (Jn 13, 1-20).

Jean rappelle avec insistance le plus grand commandement : "Aimez-vous les uns les autres comme je vous ai aimés. Il n'est pas de plus grand amour que de donner sa vie pour ceux que l'on aime" (Jn 15, 12-13).

Le quatrième évangile se termine par une conclusion valable également pour les trois autres (et même pour ce livre) : "Jésus fit encore beaucoup d'autres signes devant ses disciples. Il n'ont pas été écrits dans ce livre. Mais ces choses ont été écrites afin que vous croyiez que Jésus est le Christ, le Fils de Dieu, et qu'en croyant, vous ayez la vie en son nom" (Jn 20, 30-31).

AUJOURD'HUI VIVRE ET PRIER

Les Évangiles ont été écrits au premier siècle, en grec. Nous les relisons aujourd'hui dans une traduction française. Ces textes ont traversé dix-neuf siècles. Ce ne sont pas des formules desséchées ou moisies traversant les âges enfermées dans une valise bien ficelée. C'est une lumière qui ne cesse d'éclairer les femmes et les hommes dans des situations toujours nouvelles.

Nous lisons ces textes aujourd'hui, au seuil du troisième millénaire. Nous les lisons à un moment extraordinaire de l'histoire humaine :
- jamais il n'y a eu tant d'humains vivant ensemble sur notre terre,
- jamais il n'y a eu tant de savants,
- jamais la technique n'a été si développée,
- jamais il n'y a eu tant d'armes meurtrières capables de faire sauter la planète,
- jamais il n'a été si facile de voyager dans d'autres pays,
- jamais on n'a connu si rapidement les nouvelles du monde entier,
- jamais les hommes n'avaient compris si bien qu'ils sont responsables ensemble de la planète,
- jamais il n'y a eu tant d'hommes vivant dans la pauvreté et mourant de faim,
- jamais il n'y a eu tant de contacts entre les croyants de différentes religions,
- jamais les hommes n'ont autant espéré de l'avenir,
- jamais ils n'ont été si libres d'ouvrir ou de fermer leur cœur à une recherche de Dieu,
- jamais l'apport de chacun à la construction d'un monde nouveau n'a été si nécessaire... qu'aujourd'hui.

C'est aujourd'hui que nous relisons les Évangiles. Chaque lecture est nouvelle. L'Esprit de Jésus n'est pas mort. Il peut nous aider à découvrir de façon nouvelle ce que veut dire l'Évangile aujourd'hui. Les parties de ce livre intitulées "AUJOURD'HUI" peuvent nous aider à entrer dans cette découverte.

La Bonne
Nouvelle

CHAPITRE 1

L' ANNONCIATION

AU TEMPS
DE JÉSUS

Marie, la future mère de Jésus, est une fille de Nazareth, petit village d'environ 150 habitants, situé sur le flanc d'une colline de Galilée, loin de Jérusalem, la capitale. Les Nazaréens n'étaient pas toujours bien vus des villages voisins. On disait parfois : "Que peut-il sortir de bien de Nazareth ?"

Comme la plupart des filles de 12 à 15 ans de son époque, Marie est donnée en mariage à un homme appelé Joseph. La coutume veut que, pendant l'année suivant ce mariage officiel, la jeune épouse reste encore chez ses parents.

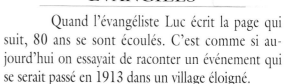

AU TEMPS DES
ÉVANGILES

Quand l'évangéliste Luc écrit la page qui suit, 80 ans se sont écoulés. C'est comme si aujourd'hui on essayait de raconter un événement qui se serait passé en 1913 dans un village éloigné.
Mais Luc a connu Marie. Il a compris que toute sa vie était donnée à Dieu, qu'elle était "la servante du Seigneur".

Dans les années 80, il fait partie de groupes de chrétiens qui regardent Jésus, le fils de Marie, non seulement comme un homme extraordinaire, mais comme le Fils de Dieu.

En écrivant son Évangile, il veut montrer qu'au début de la vie de Jésus, il y a Marie et Dieu. Comme cela se faisait à l'époque, - quand on voulait raconter la vie de quelqu'un de célèbre -, il brosse un tableau : l'Annonciation. Il insiste, dès le début, sur ce qui va être le message de son Évangile. Il donne d'avance la clé, le générique : "Celui dont on va parler n'est pas seulement un homme. Nous reconnaissons en Lui le Fils de Dieu !"

LE TEXTE
DE L'ÉVANGILE

²⁶ Au sixième mois, l'ange Gabriel fut envoyé par Dieu dans une ville de Galilée appelée Nazareth, ²⁷ à une jeune fille accordée en mariage à un homme de la maison de David appelé Joseph. Le nom de la jeune fille était Marie.

²⁸ L'ange entra chez elle et lui dit : "Réjouis-toi, comblée de grâce ! Le Seigneur est avec toi !" ²⁹ A cette parole, elle fut toute bouleversée et elle se demandait ce que pouvait signifier cette salutation.

³⁰ Et l'ange lui dit : "Sois sans crainte Marie, car tu as trouvé grâce auprès de Dieu. ³¹ Voici que tu vas être enceinte. Tu enfanteras un fils. Et tu lui donneras le nom de Jésus. ³² Il sera grand et sera appelé le Fils du Très-Haut. Le Seigneur Dieu lui donnera le trône de David son père. ³³ Il règnera pour les siècles sur la maison de Jacob et son règne n'aura pas de fin."

³⁴ Marie dit à l'ange : "Comment cela se fera-t-il puisque je suis vierge ?"

³⁵ L'ange lui répondit : "L'Esprit-Saint viendra sur toi et la puissance du Très-Haut te couvrira de son ombre. C'est pourquoi celui qui va naître sera saint et sera appelé Fils de Dieu. ³⁶ Voici qu'Élisabeth, ta cousine, est aussi enceinte d'un fils dans sa vieillesse. Elle en est à son sixième mois, elle qu'on appelait 'la stérile'. ³⁷ Car rien n'est impossible à Dieu."

³⁸ Marie dit alors : "Voici la servante du Seigneur. Qu'il me soit fait selon ta parole !" Et l'ange la quitta.

Évangile selon saint Luc,
chapitre 1, versets 26 à 38.

POUR MIEUX
COMPRENDRE CE TEXTE

1. Cherchez les titres, les qualités, les actions de l'enfant qui va naître.

2. Cherchez dans le lexique le sens des mots suivants : ange, Gabriel, David, Jacob, Esprit-Saint.

3. Regardez sur la carte de Palestine où se trouvent la Galilée et Nazareth.

CHAPITRE 1
L'ANNONCIATION

Mon entrée dans le monde

D'abord je n'existais pas. Maintenant j'existe parce que l'amour de mes parents m'a fait venir au monde. Dès le moment où les parents attendent ma naissance, Dieu me regarde avec tendresse. Quel bonheur : l'amour de Dieu est avec moi pour toujours ! A chaque être humain qui naît, Dieu déclare : "Je suis avec toi !"

Mon nom

De mes parents, je reçois un "nom", celui qu'eux-mêmes ont hérité de leurs parents. Recevoir un nom, c'est être accueilli dans une famille, c'est avoir une place. Avant moi, d'autres ont porté ce nom. J'entre dans leur lignée. A leur suite, quelles grandes choses ferai-je ?

Mon prénom

En même temps mes parents me donnent un nom rien que pour moi : mon "prénom", par lequel je suis unique au milieu de tous ceux qui portent le même "nom" que moi. Ceux qui me connaissent et m'aiment me désignent par le prénom : "C'est . ...qui a dit cela ! C'est. ...qui a fait cela ! C'est bien lui !"

Famille de Dieu

Tout en versant l'eau du baptême et en disant mon prénom, le prêtre "annonce" que Dieu me donne son Nom, que moi... je suis aimé de Dieu-Père, de Jésus le Fils et de leur Esprit Saint. Ainsi Dieu me fait entrer dans sa famille. Je deviens son enfant. Mon prénom de baptême est mon nom d'enfant de Dieu. C'est le nom par lequel Dieu m'appelle. Serai-je digne des grandes choses auxquelles il m'appelle ?

SIGNE

Aux petits et aux grands,
aux humbles et aux puissants,
à tous les vivants,
tu fais signe,
Seigneur d'annonciation !

Par leur prénom, tu les appelles
comme des enfants bien-aimés,
pour leur annoncer :
"Avec tout mon amour
je suis avec vous pour toujours !"

A nous tous des villes
et des villages,
de tous les quartiers
et de tous les âges, tu fais signe,
Seigneur d'annonciation !
Par notre prénom, tu nous appelles
comme des envoyés
à qui tu fais confiance
pour nous annoncer :
"Voulez-vous porter mon bonheur
à tous les enfants de la terre ?"

Nous voici, Seigneur,
afin de réaliser avec toi
des merveilles pour la terre !

CHAPITRE 2
LA NAISSANCE DE JÉSUS

AU TEMPS DE JÉSUS

AU TEMPS DES ÉVANGILES

Bethléem est une ville connue. C'est là que 1 000 ans auparavant, est né le grand roi David. À l'époque de ce roi, Israël était un peuple libre. Maintenant le pays est occupé par des Romains. Pour mieux contrôler le ramassage des impôts, l'empereur de Rome, César-Auguste (de -27 à 14 après Jésus-Christ), organise un recensement de la population.

C'est ainsi que Joseph et Marie se rendent à Bethléem pour se faire inscrire sur les listes. Ils ne trouvent pas de place pour loger. La salle de l'hôtellerie est pleine de monde. Ils sont obligés de chercher un abri de fortune : une étable ou une grotte. C'est là que naît Jésus. Son premier berceau est une mangeoire d'animaux.

Aujourd'hui, lors d'une naissance, on fait des photos. Elles permettront de se souvenir du premier regard, du premier sourire, des premiers pas. À l'époque de Jésus, il n'y a ni image, ni compte-rendu, ni acte de naissance avec date et lieux précis.

Lorsque, 80 ans plus tard, Luc veut évoquer la naissance de Jésus, il ne dispose pas de documents. Mais il va utiliser les souvenirs que Marie lui a confiés. Grâce à eux, il compose une page merveilleuse avec des anges, de la lumière, des chants, de la gloire. Il ne fait pas le compte-rendu détaillé de la naissance d'un nourrisson. Il tient à nous faire entrer de façon merveilleuse dans son récit de la vie de Jésus.

A ceux qui attendent un messie guerrier qui chasserait les Romains, Luc montre que Dieu apporte la paix. A ceux qui croient à un Dieu terrible et lointain, il montre qu'il se fait petit enfant. A ceux qui pensent que Dieu s'adresse en premier lieu aux grands, aux rois, aux riches, il révèle que Dieu préfère les gens méprisés : les bergers de la campagne de Bethléem.

LA NAISSANCE
DE JÉSUS

LE TEXTE DE L'ÉVANGILE

¹ En ces jours-là, parut un décret de César-Auguste pour faire recenser toute la terre. ² Ce premier recensement eut lieu quand Quirinius était gouverneur de Syrie. ³ Tous allaient se faire recenser, chacun dans sa propre ville. ⁴ Joseph monta aussi de Galilée, de la ville de Nazareth, vers la Judée, vers la ville de David, appelée Bethléem. Car il était de la famille et de la descendance de David. ⁵ Il alla se faire recenser avec Marie, son épouse, qui était enceinte.

⁶ Pendant qu'ils étaient là, le jour où elle devait enfanter arriva. ⁷ Elle enfanta son fils premier-né. Elle l'enveloppa de langes et le coucha dans une crèche, parce qu'il n'y avait pas de place pour eux dans la salle.

⁸ Et il y avait dans cette contrée des bergers qui vivaient aux champs. Ils passaient les veilles de la nuit à veiller sur leurs troupeaux. ⁹ Et un ange du Seigneur se tint auprès d'eux. Et la gloire du Seigneur resplendit tout autour d'eux. Et ils craignirent d'une grande crainte.

¹⁰ L'ange leur dit : "Ne craignez pas ! Car voici, je vous annonce une grande joie qui sera pour tout le peuple : ¹¹ Il vous est né aujourd'hui un Sauveur, dans la ville de David. C'est le Christ Seigneur. ¹² Et voici pour vous le signe : vous trouverez un nouveau-né enveloppé de langes et couché dans une crèche."

¹³ Soudain, il arriva avec l'ange une multitude de l'armée céleste louant Dieu et disant : "Gloire à Dieu dans les hauteurs et paix sur la terre aux hommes qu'il aime."

Évangile selon saint Luc,
chapitre 2, versets 1 à 13.

POUR MIEUX COMPRENDRE CE TEXTE

1. Cherchez les nouveaux titres qui sont donnés à Jésus dans ce texte.

2. Regardez dans le lexique quel est leur sens.

3. Quel est le rôle de l'ange dans ce récit de Luc ?

4. Cherchez dans le texte une phrase que vous pourriez mettre comme titre.

5. Repérez Bethléem sur la carte de Palestine. Quelle est la longueur approximative du chemin de Nazareth à Bethléem ?

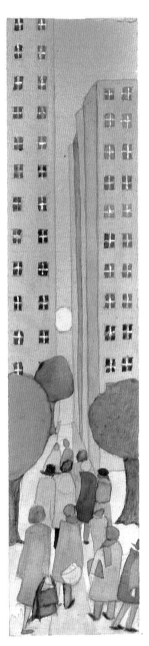

LES BERGERS ET LES PETITS

Les bergers sont les petits de tous les temps ! Être "petit" n'a rien à voir avec la taille seulement ! Être "petit", c'est être considéré comme sans importance. Les "petits" n'ont pas droit à la même dignité que tout le monde, ils ne sont pas écoutés, ils n'ont pas droit à la même part de bonheur que les autres... Personne ne choisit d'être ainsi "petit". On y est forcé par l'oubli, l'égoïsme et le mépris des hommes. Dieu, lui, comme un tendre Père, prévoit la même part pour tous ses enfants.

NOMBREUX

Les "petits" sont nombreux : ils n'ont pas de pain, pas de maison, pas de travail. Ils n'ont rien, ils sont mis de côté. Ils n'ont pas de quoi vivre. On les écarte. Les "petits", comme tout le monde, ont un cœur rempli d'amour, et ils ont faim d'être "grands" comme les autres ! Pour Dieu, les "petits" sont ses préférés. A ceux qui n'ont rien, à ceux qui manquent d'amour et d'attention, Dieu vient donner tout son amour et toute son attention. Dieu vient naître et habiter au milieu de ceux qui sont seuls et se sentent abandonnés.

UNE GRANDE JOIE

Les "petits" attendent. Ils ont tellement besoin d'amour que leur cœur et leur esprit sont grands ouverts pour accueillir cette Bonne Nouvelle : Dieu devient un enfant de la terre ! Il naît, "petit" au milieu des "petits" ! Il vient partager leur vie. Désormais, ils le croient : parce que Dieu est né chez eux, ils sont sauvés. Personne n'est fait pour être "petit". Tous les habitants de la terre sont faits pour être grands à l'image de Dieu ! Pour avoir une place et être aimés ! Quelle grande joie !

CRÈCHE

Les amis,
regardez de tous vos yeux :
là, dans la crèche, ce nouveau-né,
c'est notre Dieu !

C'est lui que nous attendions !
Il est là, enfin, pour nous libérer
des frontières qui séparent,
du mal qui fait le malin,
de la méchanceté qui sort ses griffes,
de l'égoïsme qui se remplit le ventre !
Il est là, enfin, pour nous sauver !
C'est lui, l'Envoyé de Dieu :
il vient pour changer nos cœurs !

Les amis,
regardez de tout votre amour :
là, dans la crèche, ce nouveau-né,
c'est Jésus notre frère !
C'est lui que nous espérions !
Il est là, enfin, pour annoncer
que tous les hommes de partout
sont des frères égaux,
que toutes les couleurs de peau
sont l'arc-en-ciel
du grand amour de Dieu !
Il est là pour nous enseigner la paix
et pour nous apprendre le partage !
Il est là, enfin, pour nous sauver !

C'est lui, Jésus-Christ,
notre Dieu et notre frère !
Il vient pour changer le monde !

CHAPITRE 3

LES MAGES

AU TEMPS DE JÉSUS

Lorsque Jésus naît, Hérode est roi de Judée depuis plus de 30 ans. C'est un étranger devenu roi grâce à l'appui des Romains. Il est détesté. Il s'impose par la force. Sa police est partout. Il a de plus en plus peur de perdre son trône. Cinq jours avant sa mort, il fait encore exécuter un de ses fils ! L'Évangile de Matthieu garde le souvenir d'un massacre d'enfants innocents ordonné par Hérode après la naissance de Jésus (Mt 2, 16-18).

AU TEMPS DES ÉVANGILES

Quand Matthieu écrit son Évangile, Hérode est déjà mort depuis plus de 80 ans. Mais son souvenir n'est pas oublié. Matthieu s'adresse à des chrétiens qui sont d'anciens Juifs convertis. On les appelle des "judéo-chrétiens".

Au début, ils se réunissent entre eux. Mais, petit à petit, des gens venus d'autres religions et d'autres pays, se joignent à leur groupe : des païens et des étrangers. Matthieu leur montre que dès la naissance de Jésus, des étrangers, les mages d'Orient, ont été conduits vers lui. La religion nouvelle est ouverte à tous les peuples.

Les Juifs pensent que le jour où des étrangers viendront apporter leurs cadeaux à Jérusalem, des temps nouveaux seront arrivés. Voici que dans l'Évangile, des mages apportent des cadeaux à Jésus : une étape nouvelle de l'histoire des hommes est donc commencée !

Les premiers chrétiens sont souvent persécutés. En rappelant la figure d'Hérode-le-sanguinaire, Matthieu montre que la persécution fait partie, dès le début, de la vie de Jésus et de celle des premiers chrétiens.

LE TEXTE DE L'ÉVANGILE

¹ Jésus étant né à Bethléem de Judée aux jours du roi Hérode, voici que des mages venant d'Orient se présentèrent à Jérusalem ² en disant : "Où est le roi des Juifs nouveau-né ? Nous avons vu son étoile en Orient et nous sommes venus nous prosterner devant lui." ³ En entendant cela, le roi Hérode fut troublé et tout Jérusalem avec lui.

⁴ Il réunit tous les chefs des prêtres et les scribes du peuple, et leur demanda où devait naître le Christ. ⁵ Ils lui dirent : "A Bethléem de Judée ; car ainsi est-il écrit par le prophète : ⁶ *Et toi Bethléem, terre de Juda, tu n'es sûrement pas la dernière des villes de Juda, car c'est de toi que sortira le chef qui fera paître mon peuple Israël.*"

⁷ Alors Hérode appela en secret les mages. Il se fit préciser par eux le moment de l'apparition de l'étoile. ⁸ Il les envoya à Bethléem et leur dit : "Allez, et renseignez-vous avec précision sur le petit enfant. Quand vous l'aurez trouvé, annoncez-le moi afin que j'aille moi aussi me prosterner devant lui." ⁹ Ayant entendu le roi, ils partirent. Et voici que l'étoile qu'ils avaient vue en Orient les précédait jusqu'à ce qu'elle vint s'arrêter au-dessus du lieu où se trouvait le petit enfant. ¹⁰ En voyant l'étoile, ils se réjouirent d'une très grande joie.

¹¹ Ils entrèrent dans la maison. Ils virent le petit enfant avec Marie, sa mère. Ils tombèrent à genoux et se prosternèrent devant lui. Ils ouvrirent leurs trésors et lui offrirent en cadeau de l'or, de l'encens et de la myrrhe. ¹² Et avertis en songe de ne pas retourner chez Hérode, ils regagnèrent leur pays par un autre chemin.

Évangile selon saint Matthieu,
chapitre 2, versets 1 à 12.

POUR MIEUX COMPRENDRE CE TEXTE

1. Essayez de retrouver le chemin des mages sur la carte de Palestine.

2. Quel est le rôle de l'étoile dans ce texte ? Comparez-le au rôle de l'ange dans le récit de Luc, page 31.

3. Quelle expression montre que Hérode a peur pour son trône ?

4. Quels sont les nouveaux titres donnés à Jésus dans ce texte ?

5. Cherchez dans le lexique le sens des mots : mages, or, encens, myrrhe.

VIVRE
AUJOURD'HUI

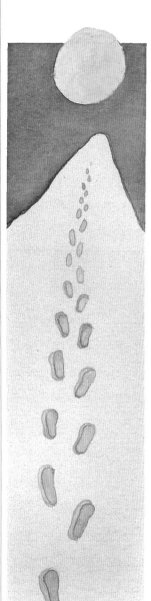

Chercheurs

Pour trouver Dieu, sans cesse il faut se mettre en route et chercher : de tout son cœur et de tout son esprit. Les chrétiens sont des chercheurs de Dieu ! Semblables aux mages, ils sont en alerte. Avec leur amour et leur intelligence ils sont à l'affût des marques de la présence de Dieu. Ils n'ont pas l'orgueil de penser tout savoir sur Dieu ! Parce qu'ils sont attentifs, sans arrêt, ils perçoivent avec leur foi les traces de Dieu.

Signes

Comme pour les mages, Dieu place des "étoiles" sur notre route vers lui. Des signes indiquant qu'il est proche. Ils sont nombreux, les signes attirant le regard sur Dieu : des vivants qui s'entraident et consolent, essayant de rendre la terre belle à l'image de Dieu, des vivants qui prient et chantent leur foi en Dieu, des vivants qui reçoivent l'Évangile comme une Bonne Nouvelle, des vivants qui se réunissent au nom de Jésus et qui agissent avec son amour, des vivants qui ressentent les événements du monde comme des appels à se mettre au travail... Sur le chemin vers Dieu, il y a des "étoiles" pour chacun.

Étrangers

Les mages sont des étrangers puisqu'ils viennent d'ailleurs ! Pour Dieu, il n'y a pas d'étrangers qu'il faudrait écarter ou rejeter à cause de leur race ou de leur pays, ou de leur religion, ou de leurs habits, ou de leur pauvreté, ou de leur richesse... Pour Dieu il y a seulement des vivants à qui il offre sa joie ! Il faut que le monde entier connaisse le bonheur d'être aimé de Dieu ! C'est pour cela que le Fils de Dieu naît au milieu des hommes.

Différences

Chacun est différent. Heureusement ! Chacun des mages vient avec un autre cadeau. C'est parce qu'il est différent et vient d'ailleurs que chacun peut apporter autre chose et que c'est beau. Et quand tout est mis ensemble, quel splendide trésor !

ÉTOILES

Tu me dis, Seigneur :

"Donne à chacun
le droit au pain et au respect,
et tu seras une étoile de partage !

Comble les ravins
de haine et de jalousie
qui séparent les vivants,
et tu seras une étoile de pardon !

Annonce que tout vivant,
de n'importe quel pays,
de n'importe quel péché,
de n'importe quelle intelligence,
de n'importe quel travail,
de n'importe quelle religion,
est l'enfant précieux de Dieu,
de la même famille que toi,
et tu seras une étoile d'accueil !"

Fais de nous des étoiles, Seigneur,
des étoiles si brillantes
dans le noir de la terre
qu'on y trouve ton sourire d'amour
éclairant tous les habitants
de toute la terre !

CHAPITRE 4

LES 12 ANS DE JÉSUS

AU TEMPS DE JÉSUS

Aller à Jérusalem, pour un jeune adolescent de la campagne, est une aventure extraordinaire. Jésus en fait l'expérience quand il a 12 ans. Ses parents l'emmènent en pèlerinage à la "ville sainte". Tout est nouveau : la route de plusieurs jours à travers le pays, la découverte de nouveaux amis, la vue de Jérusalem grouillante de monde, l'entrée sur l'esplanade du Temple, les fêtes qui durent une semaine.

Sous les colonnades du Temple, des maîtres renommés enseignent, interrogent, répondent aux questions des pèlerins adultes et jeunes. Jésus est un des plus jeunes. Il se joint à un groupe. Il prend part à la discussion. Il est tellement pris qu'il en oublie de repartir.

AU TEMPS DES ÉVANGILES

Pendant 30 ans, Jésus vit à Nazareth. Les Évangiles ne retiennent qu'un événement de cette longue période : le récit du pèlerinage à Jérusalem. Pourquoi Luc a-t-il jugé utile de raconter cet événement ? Quand il écrit ce texte, le Temple de Jérusalem est déjà détruit par les troupes romaines (en l'an 70 après Jésus-Christ). Il ne sera plus reconstruit. Mais les docteurs de la loi continuent à enseigner. Ils ont même fondé une école à Jamnia, en Galilée. Luc veut montrer aux chrétiens que, dès le début, l'enseignement de Jésus était plus étonnant que celui des savants juifs.

Dans ce texte, Luc donne pour la première fois la parole à Jésus. De qui parle Jésus ? De "mon Père". Il nous révèle ainsi un nouveau visage de Dieu. Un Dieu qui est son Père et dont il est le Fils. Ceci n'est pas facile à comprendre. Luc montre à ses lecteurs qu'ils ne sont pas les seuls à avoir des difficultés. Même ses parents "ne comprirent pas ce qu'il leur disait."

⁴¹ Ses parents allaient chaque année à Jérusalem pour la fête de la Pâque. ⁴² Quand Jésus eut douze ans, ils y montèrent, selon la coutume de la fête. ⁴³ Les jours étant passés, comme ils s'en retournaient, le jeune Jésus resta à Jérusalem. Ses parents ne s'en rendirent pas compte.

⁴⁴ Pensant qu'il était avec leurs compagnons de route, ils marchèrent pendant une journée. Puis ils le cherchèrent parmi les parents et les connaissances. ⁴⁵ Ne l'ayant pas trouvé, ils retournèrent à Jérusalem en le cherchant. ⁴⁶ Et il arriva qu'après trois jours, ils le trouvèrent dans le Temple. Il était assis au milieu des docteurs de la Loi. Il les écoutait et les interrogeait. ⁴⁷ Tous ceux qui l'entendaient étaient stupéfaits de son intelligence et de ses réponses.

⁴⁸ En le voyant, ils furent saisis d'étonnement. Sa mère lui dit : "Enfant, pourquoi nous as-tu fait cela ? Voici que ton père et moi nous te cherchions, tout angoissés." ⁴⁹ Et il leur dit : "Pourquoi me cherchiez-vous ? Ne saviez-vous pas qu'il me faut être auprès de mon Père ?" ⁵⁰ Mais eux ne comprirent pas la parole qu'il leur disait.

⁵¹ Puis il descendit avec eux. Il vint à Nazareth. Il leur était soumis. Et sa mère gardait toutes ces paroles dans son cœur.
⁵² Jésus grandissait en sagesse, en taille et en grâce devant Dieu et les hommes.

Évangile de saint Luc,
chapitre 2, versets 41 à 52.

POUR MIEUX
COMPRENDRE CE TEXTE

1. Le mot "père" est utilisé deux fois dans ce texte. Quel est le sens de l'un et de l'autre usage de ce mot ?

2. Avec quelles personnes et quels groupes Jésus est-il en relation ?

3. Cherchez dans le lexique le sens des mots Pâque, Temple, docteur de la Loi, révéler.

VIVRE
AUJOURD'HUI

12 ANS

C'est l'âge où l'on se dit que l'enfance est décidément un pays trop petit et dont il faut s'éloigner au plus vite ! Il y a tant à découvrir et il est tellement passionnant de se mettre à chercher par soi-même, sans qu'on soit toujours conduit par la main ! On se dit que les "grands" n'ont pas tout inventé et qu'il reste tant à créer. Peut-être même pourra-t-on mieux réussir que les grands ? Alors on réfléchit, on approfondit, on voudrait comprendre, on discute, on s'oppose. On a quelque chose à dire et on voudrait que cela soit écouté et pris en considération ! Pourquoi les "grands", seuls, auraient-ils toujours raison ?

PAROLE D'ENFANT

Un enfant en train de grandir, Jésus, se mêle aux savants discours des "grands" à propos de Dieu. Pourquoi un enfant qui aime Dieu n'aurait-il rien à dire sur Dieu qui soit aussi important que les paroles des "grands" ? Ce garçon de Nazareth, Jésus, apprend aux "grands" plusieurs nouveautés : Dieu est son Père, et lui, son Fils ! Entre Dieu et lui, il y a le même lien qu'entre un père et son enfant. Les "grands" ont du mal à comprendre ce qui sort de la bouche de cet enfant. Peut-être faut-il un cœur d'enfant pour parler de Dieu et ressentir à quel point Dieu est un Père ?

GRANDIR

En sagesse : l'esprit et le cœur s'ouvrent de plus en plus à la lumière de l'Évangile. On devient capable de choisir le seul trésor, la seule perle qui en vaille la peine : aimer comme Jésus-Christ !

En taille : on délaisse ce qui est "petit", les vieilles habitudes. On se met au travail, avec tout son corps et toute son intelligence, pour transformer la terre à la suite de Jésus-Christ.

En grâce : on met en pratique l'Évangile de Jésus, on vit comme un enfant de Dieu. Alors on voit la beauté de Dieu, son amour, apparaître dans nos paroles et dans nos actes.

ENFANTS

Père, je suis un enfant !
Je ne connais pas toutes les langues,
je ne connais pas toutes les sciences,
je ne connais pas toute la Bible,
je ne suis pas un savant,
mais ce que je crois de tout mon cœur
et de toute mon intelligence,
c'est que Jésus est ton Fils,
le Seigneur que nous aimons !

Lui, je le connais !
Il a été un enfant,
comme moi !
Il a discuté, il a joué,
il a cherché des réponses,
comme moi !
Il a attrapé des fous rires,
il a couru, il a appris à lire,
il a pleuré, il a été consolé,
comme moi !
Avec impatience
il a attendu d'être grand,
comme moi !
Il a appris à choisir,
il a appris à décider,
comme moi !

Quelle joie :
le Seigneur Jésus a été un enfant
comme moi !
De lui je veux apprendre
l'amour de Dieu
et l'amour des prochains.
Avec lui je veux grandir !

CHAPITRE 5

LE BAPTÊME
DE JÉSUS

AU TEMPS
DE JÉSUS

Jean-Baptiste est le petit cousin de Jésus, de quelques mois son aîné. Il n'est pas devenu prêtre comme son père Zacharie. Mais il a des contacts avec le désert, peut-être avec les moines juifs de Qumran. On a découvert leur bibliothèque en 1947 dans des grottes près de la mer Morte. Chez eux il peut apprendre la vie sobre du désert et la purification par l'eau.

Jean-Baptiste prêche une vie simple et un baptême pour le pardon des péchés. Il est très connu et écouté. Par lui, les gens sont plongés (baptisés) dans le Jourdain. En ressortant, ils sont comme purifiés et décidés à vivre une vie nouvelle. Pour ces "baptisés" c'est une transformation totale : une conversion.

En entendant parler de l'action de Jean, Jésus quitte Nazareth et le rejoint. Il se fait baptiser par lui. Mais Jean pressent que Jésus va vite le dépasser.

Avant d'agir, Jésus prend le temps de réfléchir et de prier. Il se retire dans le désert. Il choisit la route à suivre. Ce ne sera pas la plus facile.

Voici que Jean-Baptiste est arrêté par Hérode. Jésus commence alors lui-même à annoncer la Bonne Nouvelle. Jean-Baptiste lui a préparé la route.

AU TEMPS
DES ÉVANGILES

La page qui suit donne le commencement de l'Évangile de Marc. Il fut écrit vers les années 70 après Jésus-Christ. L'Évangile n'est pas d'abord un livre : c'est l'annonce de la Bonne Nouvelle de Jésus-Christ, Fils de Dieu.

Marc montre à ses lecteurs que ce commencement n'est pas le commencement d'une histoire quelconque. C'est pourquoi il entoure le baptême de Jésus de signes étonnants, vus par Jésus seul : les cieux se déchirent et l'Esprit descend comme une colombe. La voix du Père présente son Fils.

Marc montre aussi que même Jésus a dû lutter pour chercher sa voie. C'est le sens des 40 jours dans le désert où Jésus est poussé par l'Esprit, tenté par Satan, servi par les anges et accompagné de bêtes sauvages.

LE TEXTE
DE L'ÉVANGILE

¹ Commencement de l'Évangile de Jésus Christ, Fils de Dieu.

² Ainsi qu'il est écrit dans le livre du prophète Isaïe :
"Voici que j'envoie mon messager devant toi pour frayer ton chemin. ₃ Une voix crie dans le désert : Préparez la route du Seigneur ! Rendez droits ses sentiers !"

⁴ Il arriva que Jean-Baptiste, dans le désert, proclamait un baptême de conversion pour le pardon des péchés. ⁵ Tout le pays de Judée et tous les habitants de Jérusalem s'en allaient vers lui. Ils se faisaient baptiser dans le fleuve Jourdain en confessant leurs péchés.⁶ Jean était vêtu de poil de chameau

avec une ceinture de cuir autour des reins. Il mangeait des sauterelles et du miel sauvage.

⁷ Il proclamait : "Après moi vient celui qui est plus puissant que moi. Je ne suis pas digne de me baisser et de délier la courroie de ses sandales. ⁸ Moi je vous ai baptisés avec de l'eau. Lui vous baptisera avec l'Esprit-Saint."

⁹ Et il arriva, en ces jours-là, que Jésus vint de Nazareth de Galilée. Et il fut baptisé dans le Jourdain par Jean. ¹⁰ Aussitôt, en remontant de l'eau, il vit se déchirer les cieux et, l'Esprit, comme une colombe, descendra sur lui.
¹¹ Et il y eut une voix venant des cieux : "Tu es mon Fils bien-aimé. En toi j'ai mis tout mon amour ".

¹² Et aussitôt l'Esprit le poussa au désert. Et il demeura au désert pendant quarante jours, tenté par Satan.¹³ Il était avec les bêtes sauvages, et les anges le servaient.

*Évangile selon saint Marc,
chapitre 1, versets 1 à 13.*

POUR MIEUX COMPRENDRE CE TEXTE

1. Quel titre Marc donne-t-il à son Évangile ?

2. Comment la voix des cieux présente-t-elle Jésus ?

3. Cherchez dans le lexique le sens des mots suivants : Évangile, Isaïe, Jean-Baptiste, baptême, colombe, Satan, quarante.

4. Recherchez sur la carte de la Palestine le Jourdain où Jean baptise, la Judée et Jérusalem d'où viennent les gens, Nazareth d'où vient Jésus, le désert où il se retire .

VIVRE
AUJOURD'HUI

COMMENCEMENT

Certains événements changent la vie : par exemple la rencontre avec quelqu'un, ou un métier dans lequel on se lance, ou une grande souffrance, ou une joie vécue, ou l'appel qu'on ressent dans son cœur et dans son esprit à se mettre au service des autres, ou la prise de conscience d'être aimé de Dieu. À partir de ces événements, on regarde le monde autrement et on agit autrement. Ces événements sont comme une nouvelle naissance.

ÉVANGILE

Jésus-Christ est l'Évangile, c'est-à-dire la Bonne Nouvelle de Dieu pour le monde. Par lui, Dieu nous fait entendre la Parole qui fait vivre. Avec lui, les hommes et les femmes découvrent que le bonheur se trouve dans l'amour du prochain. En lui, les hommes et les femmes voient le visage de tendresse du Père qui est aux cieux. Avec cet Évangile, avec cette Bonne Nouvelle, avec Jésus-Christ, ça vaut la peine de commencer une vie nouvelle !

DÉSERT

Parfois il est difficile de suivre la route sur laquelle on a choisi d'avancer. Parfois il est difficile de marcher sur le chemin commencé au baptême. Tant d'autres chemins s'offrent à nos regards et à nos envies. A ces moments, il est important d'aller au fond de soi, comme si on allait au désert, de réfléchir, de prier, en se laissant éclairer par Jésus-Christ. Alors on devient capable de choisir et de se décider pour le chemin de l'Évangile !

SE CONVERTIR

À notre baptême, Dieu choisit chacun de nous comme son enfant et nous dit : "Je te donne tout mon amour. Veux-tu me donner ton amour comme un enfant bien-aimé et avancer avec moi et mes autres enfants bien-aimés ?" Il nous arrive de nous éloigner du chemin avec Dieu : on n'écoute plus sa parole, on ne prie plus, on quitte la vérité et la bonté, on permet au mal de s'installer en nous, on oublie, on se détourne... Se convertir, c'est alors se tourner vers Dieu pour lui dire : "Vraiment pardon, je me trompe ! L'amour et la joie sont du côté de l'Évangile ! Avec toi la vie est plus grande ! Je reviens !"

C'EST LUI

Lui !
C'est lui !
C'est lui qui vient !
C'est lui qui est
au milieu de nous
avec nous,
comme nous !

C'est lui qui annonce que tous
les vivants sont le bonheur de Dieu.
C'est lui qui libère
ceux et celles qui sont prisonniers
du mal et de la peur.
C'est lui qui trace
un étroit chemin
sur lequel on devient enfant de Dieu
et frère de tous les vivants.
C'est lui qui offre
la croix à la terre
comme un signe d'amour,
comme un soleil d'aurore.
C'est lui qui se donne
comme un pain de vie,
comme un vin de joie.
C'est lui qui parle de Dieu
et le montre
comme un Père de grande tendresse.
C'est lui la meilleure nouvelle
arrivée à la terre!

C'est décidé, c'est choisi :
avec lui nous partons
pour commencer à vivre.

CHAPITRE 6

JÉSUS À NAZARETH

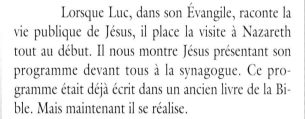

AU TEMPS
DE JÉSUS

Jésus a vécu 30 ans à Nazareth. Quand il quitte son village, ses amis et sa famille sont étonnés : "Pourquoi le charpentier ne reste-t-il pas avec nous ? Il connaît tout le monde. Il y a du travail au village !" Bientôt on entend raconter ce que Jésus fait dans la région : il annonce un message extraordinaire, des malades sont guéris, des foules le suivent.

Un jour Jésus revient à Nazareth, sa patrie. Ses compatriotes ne savent plus que penser : les uns sont en admiration, d'autres le critiquent, certains même veulent se débarrasser de lui.

AU TEMPS DES
ÉVANGILES

Lorsque Luc, dans son Évangile, raconte la vie publique de Jésus, il place la visite à Nazareth tout au début. Il nous montre Jésus présentant son programme devant tous à la synagogue. Ce programme était déjà écrit dans un ancien livre de la Bible. Mais maintenant il se réalise.

En écrivant son texte, Luc pense à tout ce que Jésus a fait pour les pauvres, les malades, les prisonniers, les opprimés. Mais il pense aussi à tous les malheureux que lui, Luc, connaît. Il est médecin et rencontre beaucoup de malades. Il a voyagé avec Paul jusqu'à Rome. Il a vu les mendiants au bord du chemin, les esclaves travaillant dans les ports, les prisonniers sur les navires et derrière les barreaux.

En écrivant ce passage, Luc pense aussi à tous les gens auxquels il a annoncé le message de libération de Jésus. Comme les habitants de Nazareth, tous ne l'ont pas accueilli.

¹⁶ Jésus vint à Nazareth où il avait été élevé. Il entra, selon son habitude, dans la synagogue le jour du sabbat. Il se leva pour faire la lecture. ¹⁷ On lui remit le livre du prophète Isaïe. En déroulant le livre, il trouva le passage où il est écrit :

¹⁸ *"L'Esprit du Seigneur est sur moi parce qu'il m'a conféré l'onction. Il m'a envoyé annoncer la bonne nouvelle aux pauvres, guérir ceux qui ont le cœur brisé, proclamer aux prisonniers la liberté, et aux aveugles le retour à la vue, renvoyer libres les opprimés, ¹⁹ proclamer une année d'accueil du Seigneur."*

²⁰ Jésus enroula le livre. Il le rendit au servant et s'assit. Tous, dans la synagogue, avaient les yeux fixés sur lui.

²¹ Alors il se mit à leur dire : "C'est aujourd'hui que s'accomplit cette parole de l'Écriture que vous venez d'entendre." ²² Tous lui rendaient témoignage. Ils s'étonnaient devant les paroles pleines de grâce qui sortaient de sa bouche. Et ils disaient : "N'est-il pas le fils de Joseph, celui-là ?" ²³ Jésus leur dit : "Certainement vous allez me citer ce proverbe : 'Médecin, guéris-toi toi-même' ; tout ce qu'on nous a dit être arrivé à Capharnaüm, fais-le de même ici dans ta patrie".

²⁴ Et Jésus ajouta : "En vérité, je vous le dis, aucun prophète ne trouve un bon accueil dans sa patrie."

Évangile selon saint Luc ,
chapitre 4, versets 16 à 24.

POUR MIEUX COMPRENDRE CE TEXTE

1. Regardez le passage d'Isaïe que lit Jésus.
- faites la liste des personnes ou groupes dont il parle,
- notez à côté de chaque personne ou groupe ce qui va changer pour eux.

2. Par quelle phrase Jésus montre-t-il que le texte d'Isaïe n'est pas seulement un souvenir du passé ?

3. Cherchez dans le lexique ce qu'est une "année d'accueil."

VIVRE
AUJOURD'HUI

Nazareth

Pendant de longues années, la vie quotidienne de Jésus se passe dans le calme et les traditions de son village. Pourquoi, à un moment donné, a-t-il donc fallu que Jésus quitte les habitudes de Nazareth ? Qu'est-ce qui le pressait ? Pour qui se prenait-il ? Les langues allaient bon train et les critiques aussi !

Il en va toujours ainsi quand, là où l'on vit, on dérange les habituelles façons de penser, d'agir et de pratiquer la religion. Souvent même les plus proches ne comprennent pas qu'on prenne l'Évangile au sérieux et qu'on se mette à le pratiquer vraiment. En montrant du doigt, certains disent : "Pour qui se prend-il, celui-là ? Veut-il se montrer meilleur que les autres ?"

Le projet de Dieu

C'est officiel ! C'est public ! C'est une nouvelle ! Jésus vient accomplir le projet de Dieu. Par ses actes et ses paroles, il commence à mettre en place le bonheur de la part de Dieu. Pour cela, il est prêt à donner sa vie. Quelle bonne nouvelle ! L'attente des hommes et des femmes, surtout des plus pauvres, est exaucée. Dieu s'intéresse lui-même à leur histoire et à leurs espoirs. Il va tout mettre en œuvre pour qu'ils puissent goûter la joie qu'on leur arrache. Promesse de Dieu !

Être chrétien

Être chrétien, c'est croire qu'avec Jésus-Christ les hommes sont sauvés, libérés de tout ce qui les écrase. C'est se mettre au travail pour que le bonheur voulu par Dieu parvienne à tous ceux et celles qui sont enfermés dans le malheur. C'est accomplir, avec Jésus-Christ, des œuvres qui sauvent, qui libèrent et rendent l'espoir aux hommes, qui leur permettent de vivre debout, dignes et fiers comme des fils et des filles aimés du Père.

Être chrétien, être chrétienne, croire au Christ, c'est être prêt à prendre le même chemin que lui. C'est être, comme lui, un annonceur et un réalisateur de la Bonne Nouvelle.

ANNONCE

Les mots, Seigneur,
sont si faciles à distribuer :
ils ne coûtent rien,
ils viennent tout seuls,
on peut les prononcer
et ensuite se détourner sans rien faire
pour ses frères et ses sœurs !

C'est pourquoi,
Seigneur, cette fois-ci,
je ne parlerai pas !
Mais je consolerai
celui qui est barricadé dans sa peine :
j'arracherai de la moquerie
celle qu'on couvre de ricanements ;
à celui qui est emmuré dans sa tristesse,
j'ouvrirai la porte de joie ;
celui qu'on met de côté,
celle dont personne ne veut,
je l'accueillerai sans juger ;
à celle qui a faim,
à celui qui n'a rien,
je donnerai ce que j'ai,
au moins mon sourire
et l'amitié de ma présence.

Je ne parlerai pas, Seigneur,
mais j'annoncerai ton amour !
Seigneur Jésus-Christ,
fais de moi une bonne nouvelle
pour mes frères de la terre !

CHAPITRE 7

JÉSUS APPELLE

AU TEMPS
DE JÉSUS

Nous voici au bord de la mer de Galilée. À vrai dire, il ne s'agit pas d'une mer, mais d'un beau lac aux eaux claires et poissonneuses. Il s'étend sur 21 km de long et 12 km de large, entre les collines verdoyantes de Galilée et les sommets désertiques de Syrie.

Jésus annonce son message. Mais il ne veut pas le faire seul. Pour l'aider, il ne choisit pas des gens célèbres et importants. Il appelle des hommes du peuple, des pêcheurs du bord du lac : Simon (qu'on appellera Pierre), André, Jacques et Jean. Ce sont les premiers apôtres. Dans leur cœur ils garderont la phrase dite par Jésus : "Je ferai de vous des pêcheurs d'hommes."

AU TEMPS DES
ÉVANGILES

Ils deviennent vraiment "pêcheurs d'hommes". Pendant de longues années, à Jérusalem, en Palestine, en Syrie, à Rome, ils annoncent la Bonne Nouvelle. Beaucoup de gens les suivent. On raconte souvent leur appel et leur réponse rapide. Les chrétiens peuvent ainsi comprendre que Simon-Pierre, André, Jacques et Jean sont de vrais apôtres appelés et envoyés par Jésus.

Quand Marc écrit la page qui suit, Jacques et Pierre ont déjà été mis à mort pour Jésus, l'un en Palestine en l'année 44, l'autre à Rome au temps de l'empereur Néron vers 64-67. Marc lui-même n'a pas été appelé directement par Jésus comme les quatre pêcheurs du lac. Mais il accompagne très longtemps Pierre et nous transmet son enseignement.

LE TEXTE DE L'ÉVANGILE

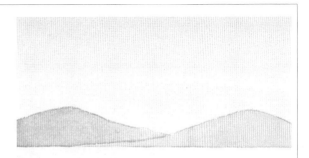

14 Après l'arrestation de Jean-Baptiste, Jésus partit pour la Galilée. Il y proclamait la Bonne Nouvelle de Dieu. Il disait : 15"Le temps est accompli. Le Règne de Dieu est tout proche. Convertissez-vous et croyez à la Bonne Nouvelle."

16 Comme il passait le long de la mer de Galilée, il vit Simon et André, le frère de Simon, en train de jeter le filet dans la mer. C'étaient des pêcheurs. 17 Jésus leur dit : "Venez à ma suite. Je ferai de vous des pêcheurs d'hommes."
18 Aussitôt, laissant là leurs filets, ils le suivirent.

19 Quelques pas plus loin, Jésus vit Jacques, le fils de Zébédée et son frère Jean. Ils étaient dans leur barque en train d'arranger leurs filets. 20 Aussitôt Jésus les appela. Et laissant leur père Zébédée dans la barque avec les ouvriers, ils partirent à sa suite.

Évangile selon saint Marc,
chapitre 1, versets 14 à 20.

POUR MIEUX COMPRENDRE CE TEXTE

1. Quelles sont les relations des quatre premiers disciples entre eux ?
   - Qui fait le même métier ?
   - Qui est de la même famille ?

2. Que laissent-ils ?

3. Que trouvent-ils?

VIVRE
AUJOURD'HUI

APPELER

Quand on a besoin de quelqu'un pour accomplir un travail délicat, pour remplir une mission, on dit son nom, comme pour lui dire :"Arrête ce que tu es en train de faire. Viens. Tu es nécessaire ici !"On lui fait signe : on l'appelle. On pense qu'il a les qualités requises pour réussir le travail qu'on désire lui confier. On sait qu'il en est capable et qu'il jettera toutes ses forces dans cette mission. On lui fait entière confiance. Répondra-t-il ?

RÉPONDRE

Celui qui est appelé se pose des questions :"Suis-je fait pour cette mission ? Pourquoi suis-je appelé, moi ? Y arriverai-je ? D'autres sont plus doués que moi ! Et si je me trompais ?" Mais il prend le risque. Si on l'appelle, c'est qu'il en est digne ! Il répond avec confiance :"Tu as besoin de moi ? Me voici, je viens !"
Ce sera difficile, sûrement. Mais il n'est pas seul. D'autres sont appelés avec lui. Ils peuvent s'éclairer les uns les autres, s'encourager et se soutenir. Ainsi sont-ils prêts, ensemble, à y consacrer l'énergie de leur vie, de leur amour et de leur temps, car ils savent qu'il en sortira de la joie pour tous.

TOUS DES APÔTRES

À chacun le Seigneur fait signe. Il n'appelle pas seulement les plus saints, ou les meilleurs, ou les plus intelligents, ou les mieux habillés ou les moins pécheurs ! Pour le Seigneur, chacun est capable d'être un envoyé, un annonceur. Les amis de Jésus sont tous, sans exception, appelés à être des apôtres : chacun à sa manière, avec les dons de son esprit et de son corps ; chacun avec son métier et sa vie ! Qu'on soit écolier, ou papa, ou professeur, ou maman, ou garde-forestier, ou enfant, ou ouvrier, ou technicien, ou employé, ou agriculteur, chacun est désigné et choisi par le Seigneur pour rendre visible l'amour de Dieu pour tous les vivants.
Chacune, chacun est chargé d'annoncer par son comportement la Bonne Nouvelle de Jésus venant libérer les vivants de tout ce qui les enferme.

NOUS VOICI

*Comment le monde
pourrait-il recevoir la Bonne Nouvelle
de la tendresse de Dieu,
s'il n'y a personne pour ouvrir les bras
à ceux et celles qui sont blessés
et fatigués par les malheurs de la vie ?*

*Comment le monde
pourrait-il s'émerveiller
devant le Seigneur Dieu,
s'il n'y a personne
pour accomplir des merveilles
d'amour et de paix et de partage
au nom du Seigneur ?*

*Comment le monde
pourrait-il entendre la Bonne Nouvelle
du pardon de Dieu, s'il n'y a personne
pour oublier la haine
et tendre les mains
par-dessus la rancune ?*

*Nous voici, Seigneur,
nous venons pour annoncer
ta Bonne Nouvelle.
Nous voici :
de nous fais tes apôtres !*

CHAPITRE 8
LE PARALYSÉ DE CAPHARNAÜM

AU TEMPS DE JÉSUS

AU TEMPS DES ÉVANGILES

Jésus commence à être connu. La foule le suit à travers la Galilée. On se raconte ce qu'il fait. Il vient à Capharnaüm, au bord du lac : c'est la ville de Pierre et d'André. Ils y possèdent une maison. Les gens se pressent autour de la maison où est entré Jésus. Plus moyen de bouger.

Voici que quatre hommes apportent un malade, un paralysé sur son grabat. Ils tentent d'approcher de Jésus. Ils prennent l'escalier extérieur qui monte sur la terrasse. Ils percent le toit fait de bois et de terre battue et font descendre le paralysé devant Jésus. Celui-ci lui pardonne ses péchés et le guérit. N'oublions pas que pour les gens de l'époque, péché et maladie sont liés.

Le souvenir des guérisons opérées par Jésus a été conservé très longtemps dans les villages où elles ont eu lieu. Des conteurs populaires les rappelaient lors des veillées. C'est probablement l'évangéliste Marc qui a rassemblé ces histoires de guérisons de Jésus et les a introduites dans l'Évangile.

Marc insiste sur le reproche que les scribes formulent dans leur cœur : "Jésus blasphème car Dieu seul peut pardonner les péchés." Il fait apparaître ainsi des reproches que l'on fait aux premiers chrétiens : "Vous regardez Jésus comme Dieu."

Il tient surtout à montrer que Jésus vient apporter une nouvelle manière de voir Dieu : un Dieu tout proche des hommes, qui guérit le corps et le cœur. La guérison du paralysé est beaucoup plus que le simple geste d'un guérisseur de l'époque. Elle montre que Jésus, "le Fils de l'homme", pardonne et guérit avec la puissance de Dieu.

LE TEXTE
DE L'ÉVANGILE

[1] Quelques jours plus tard, Jésus entra de nouveau à Capharnaüm.

On apprit qu'il était à la maison. [2] Il se rassembla tant de monde qu'il n'y avait plus de place, même devant la porte. Et il leur disait la Parole.

[3] Arrivent alors des gens qui lui amènent un paralysé porté par quatre hommes. [4] Comme ils ne pouvaient s'approcher de lui à cause de la foule, ils découvrirent le toit, là où il était. Ayant creusé un trou, il descendent le brancard sur lequel gisait le paralysé. [5a] Et Jésus, voyant leur foi, dit au paralysé : [b] "Enfant, tes péchés te sont pardonnés."

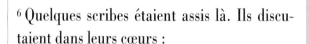

⁶ Quelques scribes étaient assis là. Ils discutaient dans leurs cœurs :

⁷ "Pourquoi cet homme parle-t-il ainsi ? Il blasphème. Qui peut pardonner les péchés, sinon Dieu seul ?"

⁸ Et aussitôt Jésus, se rendant compte dans son esprit qu'ils discutaient ainsi en eux-mêmes, leur dit : "Pourquoi discutez-vous ainsi dans vos cœurs ? ⁹ Quel est le plus facile de dire : 'Tes péchés te sont pardonnés' ou bien de dire : 'Lève-toi et marche' ? ¹⁰ Et bien pour que vous sachiez que le Fils de l'homme a pouvoir de pardonner les péchés :

¹¹ Il dit au paralysé : "Je te le dis, lève-toi, prends ton brancard et va-t-en dans ta maison." ¹² Il se leva. Et aussitôt, prenant son brancard, il sortit devant tout le monde. Tous étaient stupéfaits et rendaient gloire à Dieu. Ils disaient : "Jamais nous n'avons vu ça."

Évangile selon saint Marc,
chapitre 2, versets 1 à 12.

POUR MIEUX COMPRENDRE CE TEXTE

1. Cherchez Capharnaüm sur la carte, de la Palestine.

2. Lisez une fois l'ancien récit du miracle tel que les conteurs pouvaient le raconter: (les versets 1 à 5a et 11 à 12.)

3. Lisez ensuite l'ensemble du récit de Marc. Qu'apportent de plus les versets 5b à 10 ?

4. Quel est le nouveau "titre" que Jésus se donne dans ce récit ? Regardez dans le lexique : quelle est sa signification?

CHAPITRE 8
LE PARALYSÉ DE CAPHARNAÜM

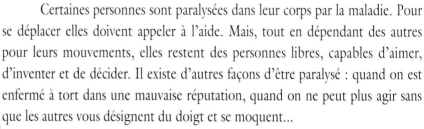

Paralysé

Certaines personnes sont paralysées dans leur corps par la maladie. Pour se déplacer elles doivent appeler à l'aide. Mais, tout en dépendant des autres pour leurs mouvements, elles restent des personnes libres, capables d'aimer, d'inventer et de décider. Il existe d'autres façons d'être paralysé : quand on est enfermé à tort dans une mauvaise réputation, quand on ne peut plus agir sans que les autres vous désignent du doigt et se moquent...

On est aussi paralysé par le mal : quand on accepte de se laisser gouverner par ses envies, quand on ne bouge plus du péché dans lequel on reste accroché, quand on ne fait plus aucun effort pour inventer du bonheur, quand on se détourne de Dieu...

Jésus-Christ nous appelle à "bouger" et à nous élever contre tout ce qui paralyse les vivants.

Pardonner

Pardonner, pour Dieu, ce n'est pas seulement dire : "Ton péché, je le jette au loin. Je continue à t'aimer !" En pardonnant, Dieu relève celui qui est comme raidi dans son péché, comme fixé à son mal. Dieu l'aide à s'arracher aux ténèbres dans lesquelles il s'est installé, loin de Dieu et des autres. Il le "met debout" pour l'encourager à se déplacer vers la lumière où l'on donne joie et amour à la manière de Jésus-Christ. A celui qui crie parce qu'il voudrait sortir du péché qui le paralyse, Dieu répond toujours !

Percer le toit

Dieu aime les vivants ! Il veut les voir heureux et libres. Cette Bonne Nouvelle arrive dans toutes les maisons, tous les lieux où habitent les hommes. Elle perce même les murs ! Rien ne peut résister à cette Bonne Nouvelle, même pas ceux qui voudraient lui faire barrage et l'empêcher de parvenir jusqu'au cœur des vivants. Si on veut lui bloquer la route, elle passera par d'autres chemins, la Bonne Nouvelle qui guérit, relève et rend libre !

RELÈVE-NOUS

Seigneur, relève-nous
de la tristesse
qui nous fait gémir tout le temps
sur nous-mêmes,

de la paresse
qui nous entoure
de son tiède coton,

de la lâcheté
qui détourne nos yeux
de celui sur qui on ricane,

du péché
qui voudrait nous enchaîner
en nous entraînant
sur les chemins faciles,

du mauvais regard
et des mauvaises paroles
qu'on nous a jetés par méchanceté,

de l'égoïsme
qui nous fait oublier
nos frères et nos soeurs
qui manquent de pain et d'espoir,
du chagrin si fort
qu'il nous ôte le courage.

Relève-nous Seigneur !
Avec toi,
nous avancerons dans la vie.

CHAPITRE 9

JÉSUS ET LÉVI

AU TEMPS
DE JÉSUS

AU TEMPS DES
ÉVANGILES

Les douaniers, les collecteurs d'impôts, sont mal vus en Israël. On les appelle des "publicains". Le peuple leur reproche de s'enrichir injustement, d'exiger plus de taxes que l'État n'en demande et de garder la différence pour eux. Les pharisiens leur reprochent d'être au contact avec les païens et donc d'être impurs. On les regarde comme des pécheurs.

Voici que Jésus fait un geste étonnant. Il appelle un douanier, Lévi fils d'Alphée, à le suivre. Celui-ci organise un repas dans sa maison avec ses amis publicains. Jésus et ses disciples sont invités. Les scribes du parti des pharisiens crient au scandale : "On ne mange pas avec de telles gens !" Jésus explique son geste : "Je ne suis pas venu appeler les justes, mais les pécheurs".

Ce Lévi, qui a suivi Jésus, n'est autre que Matthieu qui écrira l'Évangile portant son nom.

Après la Mort et la Résurrection de Jésus, les chrétiens se réunissent souvent pour manger ensemble, prier, se souvenir de Jésus. Bientôt, des problèmes surviennent. Dans ces assemblées, il arrive que les riches aient les meilleures places et que les pauvres soient laissés de côté. D'autre part, certains chrétiens, d'origine juive, refusent de partager le repas avec des chrétiens d'origine païenne.

L'exemple de Jésus - rapporté par les Évangiles - qui mange avec les publicains et les pécheurs, aide les premiers chrétiens à comprendre qu'ils sont tous appelés à se retrouver autour d'une même table.

Devant Dieu, il n'y a ni juif ni païen, ni esclave ni homme libre.

LE TEXTE DE L'ÉVANGILE

¹³ Jésus sortit de nouveau le long de la mer. Toute la foule venait à lui. Et il les enseignait.

¹⁴ En passant, il vit Lévi, le fils d'Alphée, assis au bureau de la douane. Il lui dit :"Suis-moi." Il se leva et le suivait.

¹⁵ Voici Jésus à table dans la maison de Lévi. De nombreux publicains et pécheurs se trouvaient à table avec Jésus et ses disciples, car ils étaient nombreux à le suivre.¹⁶ Et les scribes des pharisiens, le voyant manger avec des pécheurs et des publicains, disaient à ses disciples : "Eh quoi ? Il mange avec des publicains et des pécheurs !"

¹⁷ Ayant entendu cela, Jésus leur dit : "Ce ne sont pas les bien-portants qui ont besoin du médecin, mais les malades. Je ne suis pas venu appeler les justes mais les pécheurs."

Évangile selon saint Marc,
<u>*chapitre 2, versets 13 à 17.*</u>

POUR MIEUX COMPRENDRE CE TEXTE

1. Relevez sur deux colonnes :
   - ceux qui sont avec Jésus,
   - ceux qui sont contre Jésus.

2. Connaissez-vous d'autres hommes appelés par Jésus ? Quel était leur métier ?

3. Dans ce texte, l'évangéliste cite un proverbe. Essayez de le retrouver.

4. Cherchez dans le lexique le sens de" juste" et de" pécheur."

CHAPITRE 9

JÉSUS ET LÉVI

VIVRE AUJOURD'HUI

LES JUSTES

Personne n'est totalement juste. Un seul a été juste : Jésus-Christ, car lui seul a, dans toute sa vie, aimé Dieu et le prochain de toutes ses forces, de tout son corps et de tout son esprit. Pour les autres, il faudrait plutôt dire : "Ceux qui essaient d'être justes !" Ils essaient de vivre en cherchant à réussir leur vie d'homme et de femme en respectant autrui, et à être fidèles aux appels que Dieu leur adresse. Être juste n'est pas une médaille qu'on remet à quelqu'un, ou une récompense qu'on accroche au mur du salon ! Être juste est une façon de vivre : selon l'Évangile !

LES PÉCHEURS

Tout le monde est pécheur. Car, excepté Jésus-Christ, tout le monde laisse parfois le péché remporter la victoire et répandre en soi des façons qui n'ont rien à voir avec l'amour de Dieu et du prochain. Être pécheur est une façon de vivre éloignée de l'Évangile. Pour Dieu, aucun vivant n'est définitivement prisonnier de son péché. Jésus lui-même vient nous aider à lutter contre les forces du mal et à nous en libérer.

LES BIEN-VUS, LES MAL-VUS

Les hommes prennent plaisir à classer les autres par ordre de perfection. À les mettre en catégorie, à décerner des titres : "Celle-là est juste ! Celui-ci est pécheur !" Ainsi peuvent-ils se laisser aller à juger sans pitié et à rejeter :"Celui-là, on peut le fréquenter. Celle-ci est mauvaise : il faut l'éviter." Ils ont du mal à admettre qu'on peut changer ! Il y a ainsi des personnes ou des groupes entiers qui sont mal-vus ou bien-vus, une fois pour toutes. Oublient-ils, les hommes et les femmes, qu'eux aussi sont à la fois justes et pécheurs ?

PAS D'EXCLUS

Pour Jésus, il n'y a pas d'exclus, il n'y a pas des gens à condamner. Pour lui, il n'y a que des personnes à aimer. Il appelle chacun à se lever et à s'éveiller à son amour. Il nous fait comprendre que pour "Notre Père", il n'y a que des "bien-vus", des hommes et des femmes à qui il ouvre sa maison : des hommes et des femmes tous dignes de sa tendresse.

JUSTES ET PÉCHEURS

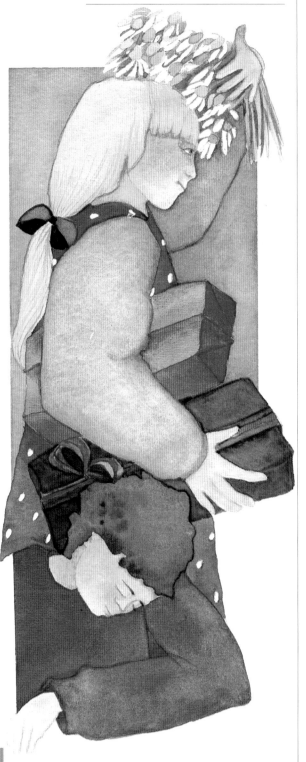

Qui pourrait se fier à nous, Seigneur ?

Une fois nous grondons,
prêts à mordre,
une fois nous sourions,
prêts aux câlins,
une fois nous trafiquons
avec le mensonge,
une fois nous parlons en vérité
sans crainte d'être mal jugés,

une fois nous te chantons
comme s'il n'y avait que toi,
une fois nous te délaissons
comme si tu ne comptais pas,

une fois nous crions
pour changer le monde,
une fois nous restons au coin
sans même lever le petit doigt,
une fois nous gardons tout,
rien que pour nous,
une fois nous courons les mains ouvertes
pour tout distribuer !

C'est nous, Seigneur :
justes et pécheurs !
Mais toi, tu nous fais confiance,
tu nous appelles,
tu nous offres la chance
de réveiller tous nos soleils cachés !

LES ÉPIS ARRACHÉS

AU TEMPS
DE JÉSUS

Depuis longtemps, en Israël, le sabbat est un jour de repos comme notre dimanche. Au temps de Jésus, c'est une loi déjà vieille de plus de mille ans et qui remonte à Moïse. Son rôle est d'aider les hommes et les femmes, les esclaves et les maîtres à vivre plus libres et plus heureux. Après six jours de travail, on s'arrête pour se reposer, se détendre, réfléchir, prier.

Mais au temps de Jésus, les choses ont changé. Les pharisiens ont une grande influence. Ce qui compte d'abord pour eux, ce n'est pas le bonheur de l'homme, mais le respect de la Loi. Ils dressent des listes de tout ce qu'il est défendu de faire le jour du sabbat : semer, récolter, lier des gerbes, moudre, écrire deux lettres de l'alphabet, coudre deux points, allumer le feu, éteindre le feu... Les hommes deviennent esclaves de la loi du sabbat.

Les pharisiens se demandent à tout moment : "Est-ce permis par la Loi ?" Jésus, au contraire, pose la question :"De quoi les hommes ont-ils besoin ? Sont-ils malades ? Ont-ils froid ? Ont-ils faim ?" Très souvent Jésus a des disputes avec certains pharisiens. On l'accuse de ne pas observer la Loi.

AU TEMPS DES
ÉVANGILES

Les premiers chrétiens se souviennent de cette liberté de Jésus face à la Loi. Eux-mêmes observent de moins en moins la Loi juive. Ils comprennent de mieux en mieux que Jésus, le Fils de l'Homme, est le Seigneur, le maître même de la Loi. Ils s'affrontent aux pharisiens qui, parfois, les persécutent.

Le récit des "épis arrachés" de Marc montre comment les premiers chrétiens se rappellent Jésus défendant ses disciples affamés contre les pharisiens enfermés dans leur loi.

LE TEXTE
DE L'ÉVANGILE

²³ Un jour de sabbat, Jésus passait à travers les champs de blé. Ses disciples, chemin faisant, se mirent à arracher des épis. ²⁴ Les pharisiens lui dirent alors : "Regarde ! Pourquoi font-ils, un jour de sabbat, ce qui n'est pas permis ?"

²⁵ Jésus répondit : "N'avez-vous jamais lu ce que fit David quand il était dans le besoin et qu'il eut faim, lui et ses compagnons ? ²⁶ Au temps du grand prêtre Abiathar, il entra dans la maison de Dieu et il mangea les pains de l'offrande qu'il n'était permis de manger qu'aux prêtres. Il en donna aussi à ses compagnons.

²⁷ Et il leur dit : "Le sabbat a été fait pour l'homme et non l'homme pour le sabbat. ²⁸ C'est pourquoi le Fils de l'Homme est Seigneur, même du sabbat."

Évangile selon saint Marc,
chapitre 2, versets 23 à 28.

POUR MIEUX
COMPRENDRE CE TEXTE

1. Recherchez :
   - Tous les mots qui ont rapport avec la nourriture.
   - Tous les mots qui ont rapport avec la Loi.

2. A quel écrit Jésus fait-il allusion quand il dit : "N'avez-vous donc jamais lu ?"

3. Comment s'exprime au verset 27 :
   - la pensée des pharisiens ?
   - la pensée de Jésus ?

LES ÉPIS ARRACHÉS

**VIVRE
AUJOURD'HUI**

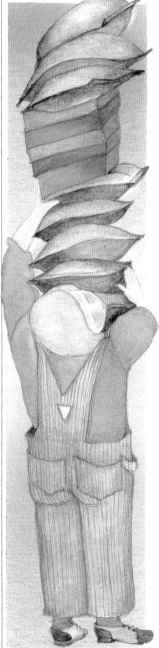

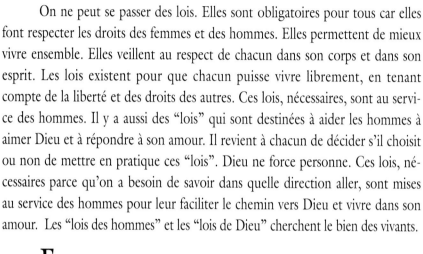

Les lois

On ne peut se passer des lois. Elles sont obligatoires pour tous car elles font respecter les droits des femmes et des hommes. Elles permettent de mieux vivre ensemble. Elles veillent au respect de chacun dans son corps et dans son esprit. Les lois existent pour que chacun puisse vivre librement, en tenant compte de la liberté et des droits des autres. Ces lois, nécessaires, sont au service des hommes. Il y a aussi des "lois" qui sont destinées à aider les hommes à aimer Dieu et à répondre à son amour. Il revient à chacun de décider s'il choisit ou non de mettre en pratique ces "lois". Dieu ne force personne. Ces lois, nécessaires parce qu'on a besoin de savoir dans quelle direction aller, sont mises au service des hommes pour leur faciliter le chemin vers Dieu et vivre dans son amour. Les "lois des hommes" et les "lois de Dieu" cherchent le bien des vivants.

Faim

Sur toute la terre, des hommes, des femmes, des enfants ont faim. Certains même meurent parce qu'ils manquent du minimum de nourriture. Qu'est-ce qui compte alors le plus ? N'est-ce pas de tout entreprendre pour que les vivants ne meurent plus, faute de pain ? Peut-on se contenter des richesses auxquelles on a droit, pendant que d'autres meurent parce qu'ils n'ont rien ? Le partage devient alors un devoir : une loi pour tous les hommes !
Peut-on se contenter de chanter et de prier Dieu pendant que d'autres enfants de Dieu sont accablés de misère ? Peut-on aimer Dieu sans d'abord aimer son prochain qui a faim ? Partager avec celui qui a faim, l'aider à rester un vivant digne, devient alors une loi pour tous ceux et celles qui prétendent aimer Dieu !

Jésus, seigneur de liberté

Avec Jésus, on devient libre ! Ce qu'on accomplit, on le fait par amour et non par peur d'être puni par Dieu. Avec lui on apprend à choisir par amour et non par obligation. Avec Jésus, on comprend que la vie du prochain est plus importante aux yeux de Dieu que toutes les lois du monde. Pour lui, il n'y a qu'une seule loi qui résume toutes les autres : "Aimer Dieu et aimer son prochain".

LIBRES
POUR AIMER

Je ne te prie pas, Seigneur,
parce qu'il le faut,
mais parce que je t'aime
et que je ne peux pas vivre
sans te parler et t'écouter.
C'est toi mon soleil !

Je ne vais pas à la messe
parce que c'est prescrit,
mais parce que tu nous aimes
et qu'à la messe
tu donnes à tous
ton corps et ton sang en nourriture.
Comment pourrais-je vivre, Seigneur,
sans recevoir les signes
de ta grande tendresse
pour tous les vivants ?

Je ne fais pas la charité
parce que c'est un commandement,
mais parce que ce sont mes frères
et mes sœurs qui sont dans la misère
et qu'ils ont besoin de moi
pour continuer à vivre
debout et fiers
comme des êtres humains.

Quand on aime, Seigneur,
on ne calcule plus :
on est libre !
Apprends-nous, Seigneur,
à tout accomplir par amour !

CHAPITRE 11

JÉSUS ET LES DOUZE

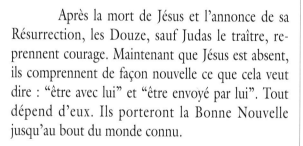

AU TEMPS DE JÉSUS

Jésus n'agit pas seul. Il fonde, crée, organise une équipe. Ils sont douze, ce chiffre rappelle les douze tribus d'Israël, c'est-à-dire tout Israël. Il signifie la totalité. Ils sont appelés pour rester avec Jésus et pour être envoyés. Le responsable du groupe est Pierre. Judas est chargé des finances. Les Douze restent avec Jésus jusqu'à son arrestation. Puis ils se dispersent pour un temps.

Les Douze ne sont pas seuls. Avec eux il y a un groupe plus vaste de 72 disciples que l'on oublie souvent. Au risque d'étonner les gens de l'époque, Jésus est suivi par un groupe de femmes : Marie de Magdala, Jeanne, femme de Chouza, Suzanne et d'autres (Luc 8,2-3). A la différence des Douze, elles suivent Jésus jusqu'à la croix !

AU TEMPS DES ÉVANGILES

Après la mort de Jésus et l'annonce de sa Résurrection, les Douze, sauf Judas le traître, reprennent courage. Maintenant que Jésus est absent, ils comprennent de façon nouvelle ce que cela veut dire : "être avec lui" et "être envoyé par lui". Tout dépend d'eux. Ils porteront la Bonne Nouvelle jusqu'au bout du monde connu.

Ils se font aider par d'autres, surtout pour les tâches matérielles. Cela commence par la constitution d'un groupe de 7 diacres. De nouveaux apôtres, comme Paul, les bousculent pour être de plus en plus audacieux. Les femmes jouent un rôle important pour l'accueil des groupes chrétiens dans les maisons.

Quand, dans les communautés, on lit le texte qui raconte l'appel des Douze, les chrétiens sont invités à comprendre que leurs responsables sont envoyés par Jésus. En entendant que Jésus "créa les Douze", ils comprennent mieux qu'ils participent eux aussi à cette nouvelle création.

LE TEXTE
DE L'ÉVANGILE

[13] Jésus gravit la montagne. Il appelle ceux qu'il voulait et ils vinrent à lui. [14] Il créa les Douze pour être avec lui et pour les envoyer prêcher, [15] avec pouvoir de chasser les démons.

[16] Il créa les Douze :
Simon, auquel il donna le nom de Pierre,
[17] Jacques, le fils de Zébédée, et Jean, le frère de Jacques. Il leur donna le nom de Boanerguès, c'est-à-dire : fils du tonnerre.

[18] Et André
et Philippe
et Barthélémy
et Matthieu
et Thomas
et Jacques, le fils d'Aphée
et Thaddée
et Simon le Zélote
et Judas Iscarioth, celui-même qui le livra.

Évangile selon saint Marc,
<u>*chapitre 3, versets 13 à 19.*</u>

POUR MIEUX
COMPRENDRE CE TEXTE

1. Dans quel but Jésus a-t-il créé les Douze ?

2. Dans la liste des Douze,
vous connaissez quelques apôtres.
Que savez-vous de :
Pierre, Jean, Jacques, André, Matthieu ?

3. Pourquoi pensez-vous que Jésus
n'a pas voulu agir seul ?

4. Qu'est-ce qu'un zélote ?
Regardez dans le lexique.

CHAPITRE 11

JÉSUS ET LES DOUZE

VIVRE AUJOURD'HUI

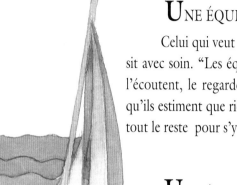

UNE ÉQUIPE

Celui qui veut réaliser un grand projet s'entoure d'une équipe qu'il choisit avec soin. "Les équipiers" se réunissent auprès de celui qui a bâti le projet, l'écoutent, le regardent tracer les plans. Ils trouvent le projet si passionnant qu'ils estiment que rien n'est plus important que sa réalisation. Alors ils laissent tout le reste pour s'y consacrer entièrement.

UNE ÉQUIPE VARIÉE

À quoi bon des gens savants, s'il n'y a pas d'autres gens pour fabriquer et utiliser ce que leur science a imaginé ? Dans l'équipe, chacun met ses capacités au service de l'ensemble. Plus il y a des noms divers, des idées, des façons d'agir différentes, plus l'équipe est capable de remplir sa mission et de mettre au point, sans cesse, la meilleure manière de réaliser le grand projet. Celui qui réunit l'équipe fait appel au génie de chacun.

UNE PLACE POUR CHACUN

Femme, homme, enfant : Jésus appelle chacun à prendre place en son équipe: "Viens, suis-moi !" Chaque place est importante et irremplaçable. Pour entrer dans son équipe, Jésus demande qu'on écoute sa parole, qu'on mette en pratique son Évangile, qu'on se joigne aux autres envoyés.

UNE ÉQUIPE DE BONNE NOUVELLE

Les chrétiens et les chrétiennes sont l'équipe de Bonne Nouvelle appelée et envoyée par Jésus. Leur travail consiste à réaliser son grand projet : annoncer et montrer par des actes que Dieu est un Père plein d'amour pour tous les vivants. Dieu fait confiance aux hommes et aux femmes : il leur confie sa Bonne Nouvelle.

TRAVAIL

Tu cherches des ouvriers, Seigneur ?

Des ouvriers à envoyer
pour prier même pour les ennemis,
pour pardonner à ceux qui offensent,
pour utiliser le pouvoir de la douceur,
pour aimer le prochain
aussi fort que soi-même ?

Des ouvriers pour créer la justice,
pour donner gratuitement joie et bonté,
pour partager le pain quotidien,
pour rester avec les délaissés ?

Des ouvriers pour soutenir
ceux et celles qui traversent le malheur,
pour ouvrir
à ceux qu'on laisse dehors
dans la pauvreté et la misère,
pour vêtir ceux qui sont nus,
pour visiter les malades,
pour porter à tous la Bonne Nouvelle :
"Dieu nous aime" ?

Tu cherches des ouvriers ?
Ce travail est pour nous, Seigneur :
nous venons !

CHAPITRE 12
LES BÉATITUDES DE JÉSUS

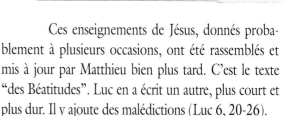

AU TEMPS DE JÉSUS

Jésus a décidé de s'adresser aux gens du peuple. Il rencontre beaucoup de pauvres : des paysans ruinés par les impôts, des malades exclus de la société, des personnes pleurant la disparition d'un être cher, des mendiants, des esclaves, des veuves sans ressources. Ces gens osent à peine espérer un changement de leur situation. Ils sont malheureux. Jésus leur dit : "Ça va changer ! Vous serez, vous êtes déjà heureux !"

Il rencontre aussi des gens qui ont le cœur sur la main, qui partagent, qui agissent pour plus de justice. Certains même sont en prison parce que leurs paroles et leurs actes ne plaisent pas aux chefs du peuple. Jésus leur adresse le même message : "Vous êtes heureux, vous serez heureux ! Ne continuez-vous pas, comme moi, l'action des prophètes ?"

AU TEMPS DES ÉVANGILES

Ces enseignements de Jésus, donnés probablement à plusieurs occasions, ont été rassemblés et mis à jour par Matthieu bien plus tard. C'est le texte "des Béatitudes". Luc en a écrit un autre, plus court et plus dur. Il y ajoute des malédictions (Luc 6, 20-26).

Vers la fin du premier siècle, les pauvres n'ont pas disparu. Bien au contraire ! Quatre ans de guerre entre Juifs et Romains (de 66 à 70) font des milliers de morts et d'esclaves. Villes et campagnes sont dévastées. Plus que jamais il est important de partager, de faire la paix, d'agir pour plus de justice.

À cette époque aussi, des chrétiens sont persécutés. Ils sont poursuivis, traînés devant les tribunaux, torturés, exécutés à cause de la justice et à cause de Jésus.

C'est en pensant à ces pauvres et ces persécutés qu'il faut lire les béatitudes de Matthieu. C'est pour eux qu'il les a écrites. Mais pas seulement pour eux.

LE TEXTE DE L'ÉVANGILE

¹ Voyant la foule, Jésus gravit la montagne. Il s'assit et ses disciples s'approchèrent de lui. ² Prenant la parole, il les enseignait en disant :

³ "Heureux ceux qui ont un coeur de pauvre : le royaume des cieux est à eux !

⁴ Heureux les doux : ils auront la terre en partage !

⁵ Heureux ceux qui pleurent : ils seront consolés !

⁶ Heureux ceux qui ont faim et soif de justice : ils seront rassasiés !

⁷ Heureux les miséricordieux : ils obtiendront miséricorde !

⁸ Heureux les cœurs purs : ils verront Dieu !

⁹ Heureux ceux qui font la paix: ils seront appelés fils de Dieu.

¹⁰ Heureux ceux qui sont persécutés à cause de la justice : le Royaume des cieux est à eux !

¹¹ Heureux êtes-vous lorsqu'on vous insulte, qu'on vous persécute et que l'on dit faussement toute sorte de mal contre vous à cause de moi.

¹² Réjouissez-vous, éclatez de joie, car votre salaire est grand dans les cieux ! C'est ainsi, en effet, qu'ils ont persécuté les prophètes qui vous ont précédés."

Évangile selon saint Matthieu ,
chapitre 5, versets 1 à 12.

POUR MIEUX COMPRENDRE CE TEXTE

1. Dans chaque Béatitude, il y a trois parties :
   1) le mot "heureux",
   2) les gens que l'on dit "heureux",
   3) pourquoi ils sont ou seront "heureux".
   Essayez de retrouver ces trois parties.

2. Regardez les Béatitudes qui sont au présent et celles qui sont au futur. Où sont placées celles qui sont au présent (devant, derrière, au milieu)? Pourquoi sont-elles placées là ?

3. Quelles sont les deux causes de la persécution données par Matthieu ?

Bonheur

Tous les hommes et toutes les femmes cherchent à être heureux. Le bonheur, c'est du pain pour chaque jour ; c'est une maison pour y habiter ; c'est de l'argent pour vivre ; c'est une terre avec une place pour chacun ; c'est la consolation quand la vie est trop dure ; c'est le rire et pas seulement le malheur ; c'est la justice pour être défendu ; c'est aimer et être aimé ; c'est la présence de personnes généreuses ; c'est la confiance donnée sans craindre la tromperie ; c'est la paix pour bâtir, élever ses enfants et travailler sans avoir peur des bombes et des chars ; c'est le droit de penser, d'agir et de parler librement ; c'est le droit de croire en Dieu sans être pourchassé ou ridiculisé ; c'est la joie de connaître Dieu ; c'est encore... C'est le bonheur voulu par Dieu pour tous les hommes !

Bonheur cassé

Sur la terre humaine, les pauvres sont nombreux. Des pays entiers ! Ils n'ont pas de pain, pas de terre à cultiver, pas de travail, pas de richesses à utiliser. Souvent on ne les aide pas à trouver les moyens pour sortir de la pauvreté. Parfois, lorsqu'on possède beaucoup, on préfère jouir de ses propres richesses et les augmenter, même s'il faut pour cela négliger ou profiter de ceux qui n'ont rien... Combien de larmes et de malheurs proviennent de la pauvreté ? - Les persécutés sont nombreux : on les pourchasse pour leur foi, ou leurs idées ou leur religion, ou parce qu'ils dérangent les maîtres du pays. Les victimes de la violence sont nombreuses : guerres, exils, coups, maisons éventrées, familles dispersées... Ils sont nombreux ceux dont le bonheur est cassé par la faute des hommes. On dirait que certains voudraient empêcher les autres d'être heureux, ou qu'ils veulent tout garder pour eux sans rien laisser aux autres !

Acteurs des Béatitudes

À travers le monde, des hommes et des femmes au cœur ouvert n'attendent pas les bras croisés. Ils se mettent au travail pour réaliser le bonheur voulu par Dieu pour tous ses enfants. Ils font la paix, ils pratiquent la justice, ils veillent à la dignité de chacun, ils ont le cœur sur la main, ils agissent sans fausseté, ils se battent contre la faim, ils luttent pour les droits de tous les hommes, ils ne mettent pas leur joie dans les richesses, ils construisent une terre fraternelle : ils sont acteurs des Béatitudes. Les chrétiens mettent ainsi en pratique leur amour de Dieu et leur foi en Jésus-Christ : en étant acteurs des Béatitudes.

TERRE

Soyez heureux les amis :
Dieu vient avec nous
faire reculer la misère
et distribuer avec nous
des moissons de pain sur terre !

Soyez heureux les amis :
Dieu vient avec nous
se dresser contre la violence
avec la puissance de la douceur,
et emmener dans le rire
ceux et celles qu'on a habitués
à pleurer de peur et d'abandon !

Soyez heureux les amis :
Dieu vient avec nous
rendre enfin justice
à ceux qui n'ont rien à dire,
et remplir de tendresse
ceux et celles qui n'espèrent plus rien.

Soyez heureux les amis :
Dieu vient avec nous
jeter la guerre dans un trou,
et resserrer les mains
en grand bouquet de paix !

Soyez heureux les amis :
Dieu vient avec nous
fonder une terre de joie pour tous !

CHAPITRE 13

LUMIÈRE ET SEL

AU TEMPS
DE JÉSUS

AU TEMPS DES
ÉVANGILES

Quand Jésus parle, il n'utilise pas des mots compliqués. Il emploie un langage que les gens du peuple peuvent comprendre. Il prend des images dans la vie de tous les jours : le sel et la lumière. Le sel donne la saveur aux aliments. La lumière, placée sur un chandelier, éclaire la seule pièce de la maison. Cachée sous un boisseau, elle étouffe et ne sert plus à rien. Quand Jésus dit à ses disciples : "Vous êtes le sel de la terre. Vous êtes la lumière du monde !" ils comprennent.

La parole de Jésus n'est pas comme celle des scribes et des pharisiens. Il ne répète pas des formules toutes faites, il sait ce qu'il dit. Il parle avec autorité. Il apporte du nouveau. Par exemple : "On vous a dit 'tu ne tueras pas'. Moi, Jésus, je vous dis : 'Fais la paix avec ton ennemi !' "

L'Évangile de Matthieu est écrit plus de 50 ans après la crucifixion de Jésus. Il s'adresse aux chrétiens de la Palestine et de la Syrie. Beaucoup d'entre eux sont d'anciens Juifs. La plupart n'ont pas rencontré Jésus.

Dans ces communautés, la ferveur des premières années s'est refroidie. La foi est moins vive. On pense que pour être chrétien, il suffit de prier. Certains ont déjà été persécutés. D'autres ont peur. Les pharisiens continuent leur enseignement. Les communautés chrétiennes risquent de s'endormir et de se refermer sur elles-mêmes.

L'Évangile de Matthieu essaie de les réveiller : "Par vos actions, vous devez être comme le sel de la terre et la lumière du monde. Vous n'êtes pas là pour vous, mais pour les autres ! Jésus vous appelle à vous distinguer des Juifs et des païens par votre amour de tous, même de vos ennemis !"

¹³ Vous êtes le sel de la terre. Mais si le sel perd sa saveur, avec quoi va-t-on le saler ? Il ne vaut plus rien. On le jette dehors. Il est foulé aux pieds par les hommes.¹⁴ Vous êtes la lumière du monde. Une ville située sur une montagne ne peut être cachée.

¹⁵ On n'allume pas une lampe pour la mettre sous le boisseau, mais sur le lampadaire. Elle brille pour tous ceux qui sont dans la maison.

¹⁶ De même que votre lumière brille devant les hommes pour qu'ils voient vos bonnes actions et rendent gloire à votre Père qui est dans les cieux…

⁴³ Vous avez appris qu'il a été dit : "Tu aimeras ton prochain et tu haïras ton ennemi." ⁴⁴ Et bien moi je vous dis : "Aimez vos ennemis et priez pour ceux qui vous persécutent. ⁴⁵ Vous deviendrez ainsi les fils de votre Père dans les cieux. Car il fait lever son soleil sur les méchants et sur les bons. ⁴⁶ En effet, si vous aimez ceux qui vous aiment, quel salaire aurez-vous ? Les publicains n'en font-il pas autant ?

⁴⁷ Et si vous saluez seulement vos frères, que faites-vous d'extraordinaire ? Les païens n'en font-ils pas autant? Vous donc, vous serez parfaits comme votre Père céleste est parfait !"

Évangile selon saint Matthieu,
chapitre 5, versets 13 à 16 et versets 43 à 48.

POUR MIEUX
COMPRENDRE CE TEXTE

1. Dans les versets 13 à 16, cherchez le mot "hommes". Quelles sont les deux actions qu'ils peuvent faire ? Pourquoi leurs deux attitudes sont-elles différentes ?

2. Dans quel but les disciples de Jésus doivent-ils être sel et lumière ?

3. En quoi les chrétiens doivent-ils se distinguer des Juifs et des païens ?

VIVRE
AUJOURD'HUI

ILS SONT LUMIÈRE

On les voit, les chrétiens ! Non parce qu'ils sont plus malins que les autres, ni parce qu'ils font les malins, ni parce qu'ils disent, pleins d'orgueil : "Nous, on sait tout ! Nous, on sait comment vivre en gens de Dieu ! Nous, on est les meilleurs ! Nous, on connaît Dieu ! Nous, on sait comment parler à Dieu !" Là où sont les chrétiens, les ténèbres devraient reculer : le mensonge et l'hypocrisie, la recherche du gain, l'écrasement des autres, l'envie qui veut tout prendre, l'oubli du malheureux qui crie. Là où sont les chrétiens, il devrait faire plus clair, comme si la lumière augmentait avec des actions de partage, des paroles de pardon et avec la paix patiemment recherchée, avec l'attention accordée aux plus pauvres... Alors on dirait : "Tiens, ici, il y a de la lumière ! Peut-être y a-t-il des amis du Christ ?"

ILS DONNENT GOÛT

Parfois les hommes perdent le goût de vivre : ils n'attendent plus rien. "À quoi sert-il de vivre, disent-ils, si tout reste toujours pareil, si les forts écrasent les faibles, si tout le monde se détourne des autres, si la mort finit par gagner ?" Parfois les hommes et les femmes vivent comme des machines, travaillant pour amasser le plus de richesses possible en oubliant les autres, comme des robots cherchant à être plus dominateurs... Là où sont les chrétiens, la saveur de la vie devrait être plus forte ! La joie de vivre devrait se goûter comme une odeur de pré en été ! L'espérance devrait se lever comme un grand soleil d'aurore et chanter que le mal est fini et que la mort a perdu ! La surprise devrait se lire sur les visages à cause du bonheur d'être ensemble et de pouvoir réaliser ensemble de si grandes merveilles ! Alors on dirait : "Tiens, ici, il y a du goût dans la vie comme du sel dans la nourriture ! Peut-être y a-t-il ici des amis du Christ ?"

SIGNE DISTINCTIF

Comment reconnaître un chrétien, une chrétienne ? A la croix qu'il porte ? A sa fervente prière ? A sa présence à la messe ? Là où sont les chrétiens, il ne devrait plus y avoir de gens à haïr et d'autres à aimer, des gens à saluer et d'autres à exclure, des gens à fréquenter et d'autres à éviter ! Il devrait y avoir la compréhension malgré les idées opposées, le respect mutuel malgré les nations différentes... la parole adressée à chacun et le désir de bâtir ensemble... Alors on dirait : "Tiens, ici, il y a de l'amour et on parle même aux ennemis ! C'est le signe distinctif des amis du Christ !"

PARFAITS

Nous mettre à genoux devant toi
pour chanter ton Nom
et prier à plein cœur
ne suffit donc pas, Seigneur,
pour être tes parfaits enfants ?

À tes parfaits enfants
tu demandes, Seigneur,
d'aimer
ceux qu'on ne veut pas aimer,
de tendre la main
à ceux qui se sont séparés,
de se rapprocher
de ceux et de celles qui les ont blessés
par leur paroles et leurs actes,
d'établir un lien
avec ceux qui les ont jetés à terre
et de poser la première pierre
pour bâtir le pardon !

Être ton parfait enfant
est plus difficile
que de se courber devant toi
pour t'adorer à pleine voix !

C'est pourquoi nous venons
pour apprendre de toi à aimer
à ta façon de Père du ciel,
et pour devenir ainsi
tes parfaits enfants sur la terre !

LA PRIÈRE DE JÉSUS

AU TEMPS DE JÉSUS

AU TEMPS DES ÉVANGILES

La prière fait partie de la vie. Tout Juif pieux prie deux fois par jour : au moment de l'offrande faite au Temple, à 9 h du matin et à 3 h de l'après-midi. Il connaît de nombreuses prières. L'une d'entre elles comporte 18 demandes. Il s'adresse à "Notre Père qui es aux cieux". Il demande de recevoir le "pain qui suffit". Il prie pour que "le règne de Dieu apparaisse". Souvent il pense que la venue de ce règne signifie la victoire sur les Romains.

Certains, surtout les pharisiens, aiment prier en public pour se faire bien voir des hommes. On les admire, debout sur les places ou dans les synagogues. Ils sont contents.

Jésus a appris à prier dès son enfance, dans sa famille et à la synagogue. Il connaît les prières juives. Il utilise les Psaumes. Adulte, sur les routes de la Palestine, il s'arrête parfois. Il se retire dans la solitude pour parler, dans le secret, à son Père, sur une montagne ou dans le désert.

Ses apôtres le voient prier. Il leur enseigne comment s'adresser à Dieu. Ce qui compte, ce n'est pas la répétition bruyante de formules pour faire plier Dieu à notre volonté, mais d'entrer dans sa volonté ! C'est ce que Jésus fait pendant toute sa vie.

Il communique aussi à ses apôtres des formules de prières. Il les choisit parmi les nombreuses prières juives. Il les simplifie. Il leur donne un sens plus profond.

Les premiers chrétiens se réunissent souvent pour prier. Ils inventent de nouvelles prières s'adressant à Jésus le Seigneur. Mais ils continuent aussi à utiliser des "formules" traditionnelles juives pour s'adresser à Dieu.

Ils ne fréquentent plus les synagogues. En 70 le Temple est détruit par les Romains. Ils n'ont aucune envie de se faire remarquer sur les places publiques. Pour prier, ils se retrouvent souvent dans la maison de l'un d'entre eux.

Ils se souviennent de la vie de Jésus. Ils comprennent qu'elle était totalement soumise à la volonté de son Père. Avant d'aller vers la mort, il avait prié : "Père ! Pour toi tout est possible. Écarte de moi cette coupe (souffrance). Cependant que n'advienne pas ce que je veux, mais ce que tu veux !" (Marc 14, 36)

Parfois ils se demandent : "Comment prier, avec quelles paroles s'adresser à Dieu ?" Matthieu et Luc (ce dernier de façon plus brève : Luc 11, 2-4) leur enseignent alors la prière de Jésus : le "Notre Père". Elle deviendra la prière de tous les chrétiens. Au cours des âges, la traduction a légèrement changé. Mais le fond est resté le même. Très tôt, les chrétiens complètent cette prière par la conclusion : "Car le règne, la puissance et la gloire sont à toi pour toujours !"

LA PRIÈRE DE JÉSUS

LE TEXTE DE L'ÉVANGILE

⁵ Quand vous priez, ne soyez pas comme des hypocrites. Ils aiment prier debout dans les synagogues et aux coins des places, afin de se faire voir par les hommes. En vérité, je vous le dis, ils ont déjà reçu leur salaire. ⁶ Mais toi, quand tu pries, entre dans ta chambre retirée, ferme la porte et prie ton Père qui est dans le secret. Et ton Père qui voit dans le secret te le rendra.

⁷ Quand vous priez, ne rabâchez pas comme des païens. Ils s'imaginent en effet que c'est leur verbiage qui les fera exaucer. ⁸ Ne leur ressemblez donc pas, votre Père sait de quoi vous avez besoin avant que vous ne le lui demandiez.

⁹ Vous donc priez ainsi : Notre Père qui es dans les cieux, que soit sanctifié ton nom, ¹⁰ que vienne ton règne, que soit faite ta volonté comme au ciel aussi sur la terre.

¹¹ Notre pain de ce jour donne-le nous aujourd'hui.

¹² Et remets-nous nos dettes comme nous aussi avons remis à ceux qui nous devaient quelque chose.

¹³ Et ne nous laisse pas entrer en tentation, mais délivre-nous du mal.

Évangile selon saint Matthieu,
<u>*chapitre 6, versets 5 à 13.*</u>

POUR MIEUX COMPRENDRE CE TEXTE

1. Dans le "Notre Père", il y a des demandes pour Dieu et des demandes pour nous. Essayez de les retrouver.

2. Comparez la traduction du "Notre Père" sur cette page avec la prière que nous utilisons aujourd'hui. Trouvez-vous des différences importantes ?

3. Recherchez dans ce livre la prière de Jésus avant sa Passion (page 180), sur la croix (page 198.). Pouvez-vous utiliser ces prières dans votre vie?

LA PRIÈRE DE JÉSUS

VIVRE AUJOURD'HUI

DIEU PÈRE

Certains disent que Dieu est lointain, qu'il faut avoir peur de lui comme d'un maître tout-puissant qui est sans pitié pour ses serviteurs, qui punit sévèrement, qui regarde seulement ce qu'on fait de mal, qui exige qu'on courbe le dos devant lui et que la prière sert à éviter les coups de sa colère. Quelle terrible erreur !

Grâce à Jésus le Fils, on voit bien "qui" est Dieu : un Père ! Il est proche comme un père de ses enfants et tout ce qu'il entreprend est destiné uniquement à les faire vivre dans la joie. Être père ou mère, c'est s'intéresser uniquement au bonheur de ses enfants et c'est être prêt à tout pour y parvenir ! Avec Dieu le Père, il n'y a pas de crainte à avoir : il n'y a que de l'amour à donner et à recevoir !

PRIER DIEU

Prier, c'est du temps passé avec Dieu ! Lorsqu'on est plein d'amour, on n'a qu'un désir : rester avec ceux qu'on aime, simplement pour goûter la joie de leur présence et savoir que leur amour nous est constamment offert. Prier, c'est laisser jaillir les mots de notre cœur ! Des mots portant nos joies et nos tristesses. Des mots avec nos cris de révolte et nos appels au secours quand on ne comprend plus rien à l'existence et qu'on n'en peut plus. Des mots avec notre peur devant la mort et la souffrance. Des mots échangés avec Dieu, comme avec un ami sûr, qui nous connaît et qui nous sauve toujours. Notre vie tout entière est portée dans la prière. Et Dieu la reçoit toujours puisqu'il est notre Père !

PRIER ET CHANGER

Prier n'a rien à voir avec un distributeur automatique dans lequel on introduit une pièce pour obtenir ce qu'on veut. On ne prie pas pour recevoir en retour ! Ou alors on considère Dieu comme le grand trésorier-payeur !

Prier c'est se tourner vers Dieu comme vers le soleil. Peut-on se passer de la lumière du soleil ? Quand on prie, on se place dans la lumière de l'amour de Dieu. Alors on prend de plus en plus conscience de sa grande tendresse et on se met à changer intérieurement. On ne demande plus seulement de réussir ses examens, ou d'avoir une bonne santé, ou de n'avoir pas d'accident, mais on désire d'abord accomplir la volonté de Dieu. Et la volonté de Dieu est que nous vivions comme ses enfants, à l'image de Jésus le Christ, pleins d'accueil et de pardon, pleins d'amour pour Dieu et pour nos frères et nos sœurs de la terre.

La prière nous change : elle nous fait regarder la vie, la terre et les hommes avec les yeux de notre Père. Elle nous ouvre au Souffle de Dieu et nous fait agir avec l'Évangile du Christ.

LES MOTS
DE LA PRIÈRE

Ce sont des mots de tous les jours
connus de tous et tellement utilisés,
ce sont les mots de notre amour :
"Dieu notre Père qui es aux cieux".
C'est toi la vie,
c'est toi la tendresse !
Ce sont des mots
qu'on nous a transmis,
que nous posons sur nos lèvres et
que nous chantons dans notre cœur,
ce sont des mots de notre confiance :
"Jésus le Christ, Fils de Dieu !"
C'est toi notre frère,
c'est toi l'Évangile !
Ce sont des mots aussi légers
que la brise,
aussi brûlants que la flamme,
ce sont les mots de notre courage :
"Esprit Saint, Souffle de Dieu !"
C'est toi la lumière,
c'est toi la liberté !
Ce sont des mots
qui nous éveillent et
qui nous transforment et
qui nous font vivre :
ce sont les mots de notre prière !
Ô notre Dieu Seigneur :
apprends-nous à prier !

LA SAMARITAINE

AU TEMPS
DE JÉSUS

AU TEMPS
DES ÉVANGILES

Pour aller de Galilée à Jérusalem, Jésus et son groupe passent par la Samarie. C'est le chemin le plus court. Trois jours de marche. Mais ce n'est pas le plus facile. Car il faut traverser un pays hostile. Juifs et Samaritains ne se parlent pas. Ils se haïssent. Parfois même ils se battent entre eux. Pourquoi donc ?

C'est une vieille histoire. Les Samaritains sont des gens au sang mêlé : Juifs et étrangers. Depuis neuf siècles, il ne se rendent plus au Temple de Jérusalem pour prier. Ils adorent Dieu sur une de leur montagne, le mont Garizim. Ils ont leurs prêtres, leur loi, leurs lieux de prière. Les Juifs les regardent comme "un peuple stupide" (Si 50, 25-26).

En traversant la Samarie, Jésus fait un acte dont on se souviendra. Il parle à quelqu'un du pays. Ça ne se fait pas. Il parle à une femme. Cela se fait encore moins. Il lui demande un service. Les disciples sont stupéfaits, mais les Samaritains écoutent sa Parole.

Tout cela se passe près d'un puits, alors vieux de 18 siècles. Ce puits existe encore aujourd'hui. Profondeur : 32 mètres. Son eau n'est pas stagnante comme l'eau des mares ou des citernes. Elle est fraîche, claire et vive ; elle provient d'une source au fond du puits.

Jean écrit son Évangile dans les années 90. A cette époque, le Temple où les Samaritains refusent de se rendre n'existe plus. La Bonne Nouvelle est déjà annoncée avec succès en Samarie par le diacre Philippe. Elle est parvenue au bout du monde. C'est comme une eau vive jaillissant sans cesse.

C'est en se souvenant de la rencontre de Jésus avec la femme de Samarie que Jean compose son récit. Il veut surtout montrer trois choses :

1. Que Jésus, par son exemple, a fait tomber la barrière entre Juifs et Samaritains.

2. Que les Samaritains ont découvert progressivement qui est Jésus : un homme qui a soif, un prophète, le Messie ou le Christ, et même le Sauveur du monde.

3. Que les chrétiens qui écoutent cette histoire peuvent se mettre à l'école de la Samaritaine pour découvrir Jésus qui donne l'eau vive.

LA
SAMARITAINE

LE TEXTE DE
L'ÉVANGILE

[5] Jésus arriva à une ville de Samarie, appelée Sychar, près du terrain que Jacob avait donné à son fils Joseph. [6] Là se trouve le puits de Jacob. Jésus, fatigué par la route, s'était assis simplement au bord du puits. C'était environ la sixième heure (midi).

[7] Une femme de Samarie arrive pour puiser de l'eau. Jésus lui dit : "Donne-moi à boire !" [8] Ses disciples en effet étaient allés à la ville acheter des provisions.

[9] Mais cette femme, cette Samaritaine, dit à Jésus : "Comment, toi un Juif, peux-tu me demander à boire, à moi, une femme, une Samaritaine ?" - Les Juifs, en effet, n'avaient pas de relations avec les Samaritains -.[10] Jésus répondit et lui dit : "Si tu savais le don de Dieu et qui est celui qui te dit 'Donne-moi à boire !' c'est toi qui aurais demandé. Et il t'aurait donné de l'eau vive."

[11] Elle lui dit : "Seigneur, tu n'as pas de seau et le puits est profond. D'où tiens-tu cette eau vive ?

¹² Es-tu plus grand que notre père Jacob qui nous a donné ce puits et qui en a bu lui et ses bêtes ?” ¹³ Jésus répondit et lui dit : “Tout homme qui boit de cette eau aura de nouveau soif. ¹⁴ Mais celui qui boira l'eau que je lui donnerai cessera d'avoir soif pour l'éternité. L'eau que je lui donnerai deviendra en lui une source d'eau jaillissante pour la vie éternelle”.

¹⁵ La femme lui dit : “Seigneur, donne-moi de cette eau pour que je n'aie plus soif et que je n'aie plus besoin de venir ici pour puiser.” ¹⁶ Jésus lui dit :“Va, appelle ton mari et reviens ici.” ¹⁷ La femme lui répondit : “Je n'ai pas de mari”. Jésus lui dit : “Tu as raison de dire ‘Je n'ai pas de mari’. ¹⁸ Tu as eu cinq maris et celui que tu as maintenant n'est plus ton mari. En cela tu as dit vrai.” ¹⁹ La femme lui dit “Seigneur, je vois que tu es un prophète...

²⁰ Nos pères ont adoré sur cette montagne mais vous (les Juifs) dites que le lieu où il faut adorer se trouve à Jérusalem.” ²¹ Jésus lui dit : “Crois-moi, femme, l'heure vient où ce n'est ni sur cette montagne, ni à Jérusalem que vous adorerez le Père. ²² Vous adorez ce que vous ne connaissez pas. Nous adorons ce que nous connaissons. Car le salut vient des Juifs. ²³ Mais l'heure vient - elle est déjà là - où les vrais adorateurs adorent le Père en esprit et en vérité...”

²⁵ La femme lui dit : “Je sais qu'un Messie doit venir, celui qu'on appelle Christ. Quand il viendra, il nous annoncera tout”. ²⁶ Jésus lui dit : “Je le suis, moi qui te parle.” ²⁷ Là-dessus les disciples arrivèrent. Ils étaient stupéfaits de voir Jésus parler à une femme. Mais personne n'osait demander : “Que cherches-tu ? Pourquoi parles-tu avec elle ?”

²⁸ Alors la femme laissa là sa cruche. Elle s'en alla à la ville et dit aux gens : ²⁹ “Venez ! Voyez un homme qui m'a tout dit ce que j'ai fait. Ne serait-il pas le Christ ?” ³⁰ Ils sortirent de la ville et s'acheminaient vers lui...

⁴¹ Beaucoup crurent à lui à cause de sa parole. ⁴² Ils disaient à la femme : “Ce n'est plus à cause de tes dires que nous croyons. Nous l'avons entendu nous-mêmes. Nous savons qu'il est vraiment le Sauveur du monde.”

Évangile selon saint Jean,
chapitre 4, versets 5-23, 25-30 et 41-42

POUR MIEUX COMPRENDRE CE TEXTE

1. Recherchez tous les noms (ou titres) qui sont donnés à Jésus dans ce texte. Voyez-vous une progression ? Cherchez leur sens dans le lexique.

2. Essayez de localiser la Samarie, Sychar, le puits de Jacob et le mont Garizim sur la carte de Palestine.

CHAPITRE 15
LA
SAMARITAINE

Barrières

Entre les hommes, des barrières sont édifiées plus hautes et plus solides que des murs de béton. Et pourtant elles sont invisibles. Les hommes et les femmes les acceptent et parfois les entretiennent comme s'ils voulaient se protéger ou s'ils avaient peur d'être volés ou dérangés ! De part et d'autre de ces cloisons, on se surveille, on se regarde avec hargne et parfois même on lève le poing. Ces barrières s'étendent partout, dans tous les pays et jusque dans les esprits. Vous les connaissez, ces barrières ! Le racisme, la richesse qui ne s'occupe que de soi, les religions transformées en fanatisme, la pauvreté, le nationalisme, les idées que certains voudraient imposer au monde... Quand les barrières sont acceptées, il devient difficile de communiquer.

Peuples méprisés

Jusqu'aujourd'hui, il y a des "Samaritains"! Des peuples sont méprisés parce qu'ils se débattent toujours dans des difficultés économiques, parce qu'ils n'arrivent pas à développer leur pays, parce qu'ils sont considérés comme primitifs avec leurs coutumes, si éloignées des nôtres, parce qu'ils n'ont pas de terre où s'installer, parce qu'ils sont obligés de quémander l'aide internationale... On ne veut pas trop avoir à faire avec eux, comme s'ils pouvaient nous prendre notre part !
Des personnes sont méprisées parce qu'elles ne trouvent jamais de travail, parce qu'elles sont étrangères, parce qu'elles vivent comme des vagabonds, parce qu'elles se droguent, parce qu'elles sont alcooliques... On ne veut rien avoir à faire avec elles, comme si elles pouvaient salir notre bonne renommée.

Éclatement

La Bonne Nouvelle de Jésus-Christ fait éclater les barrières. Elle abolit le mépris ! Il n'y a pas de peuple meilleur qu'un autre, pas de race plus intelligente qu'une autre, pas de nation plus religieuse qu'une autre. Chacun a droit à la même fraîcheur jaillissante de l'amour de Dieu !
Croire à la Bonne Nouvelle du Christ, c'est travailler avec ardeur à faire disparaître tout ce qui sépare et divise les hommes. Être chrétien, être chrétienne, c'est détruire les barrières et mettre à leur place le respect de tous, c'est pratiquer l'accueil étonné : C'est extraordinaire ce que tu nous apprends ! Mettons ensemble nos trésors !" C'est bâtir des ponts permettant aux hommes de se rencontrer.

PUITS

Conduis-moi, Jésus,
au puits de ton Évangile
pour te reconnaître,
toi le Seigneur de joie,
et te donner ma foi.

Conduis-moi
au puits de ton Évangile
pour boire auprès de toi
la joie de connaître notre Père,
et le courage de reconnaître
les autres comme des frères
et de leur présenter mon accueil
comme un verre d'eau fraîche
sous le soleil de l'été,
pour laver le mépris
qu'on a collé
sur le visage de mes frères,
pour recevoir du plus petit
et du plus rejeté de mes frères
les dons qu'il n'a jamais pu offrir
parce que personne, jamais,
ne lui en a fait demande !

Conduis-moi, Seigneur,
au puits de ton Évangile,
pour distribuer l'eau vive
de la Bonne Nouvelle.

LE SEMEUR

AU TEMPS DE JÉSUS

AU TEMPS DES ÉVANGILES

Le paysan palestinien sème les grains dans les champs avant de labourer la terre. Il en tombe un peu partout. La terre n'est pas toujours très bonne. Beaucoup de grains se perdent ou ne produisent pas de fruit. Dans les meilleures conditions, le rendement d'un champ est de 20 grains pour 1, mais normalement c'est du 10 pour 1.

Jésus utilise l'image du semeur pour parler du Royaume de Dieu. C'est comme des grains jetés dans un champ. Il y a des pertes. Mais en fin de compte la moisson se lève. Non pas 10 pour 1, mais 30, 60, 100 pour 1. La puissance du Royaume dépasse ce que l'on peut imaginer.

Ceux qui se pressent autour de Jésus pour l'écouter ne comprennent pas toujours bien. Ils trouvent les histoires intéressantes, mais souvent le sens caché leur échappe, car une parabole a un sens caché.

Après la vie terrestre de Jésus, ces histoires continuent a être racontées dans les villages, à table, lors de veillées, par des gens qui ne sont pas tous devenus chrétiens.

Quand, quarante ans plus tard, Marc écrit son Évangile, il reprend la parabole du semeur. En l'écrivant et en l'expliquant, il pense à ses lecteurs. Ce ne sont plus - comme au temps de Jésus - les foules de la Palestine, mais des habitants de Rome. Ce ne sont plus des Juifs, mais des chrétiens. Ils n'entendent plus la voix (physique) de Jésus, mais la Bonne Nouvelle annoncée par ceux qui ont suivi Jésus. Marc l'appelle "la Parole".

Cette Parole, comme les grains, tombe sur différents terrains. Les auditeurs de Marc peuvent découvrir de quel terrain ils sont.

LE SEMEUR

LE TEXTE DE L'ÉVANGILE

³ Écoutez ! Voici que le semeur sortit pour semer.

⁴ Or, comme il semait, une partie du grain est tombée au bord du chemin. Les oiseaux du ciel sont venus et l'ont mangé.

⁵ Il en est aussi tombé sur de la rocaille, où il n'y avait pas beaucoup de terre. Aussitôt il a levé, parce qu'il n'y avait pas de terre en profondeur. ⁶ Quand le soleil s'est levé, il a été brûlé. Faute de racines, il s'est desséché.

⁷ Il en est aussi tombé dans les épines. Les épines sont montées et l'ont étouffé. Il ne donna pas de fruits.

⁸ D'autres grains sont tombés dans la bonne terre. Ils montaient, grandissaient, donnaient du fruit. Ils ont produit l'un trente, l'autre soixante, l'autre cent.

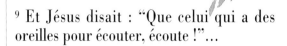

⁹ Et Jésus disait : "Que celui qui a des oreilles pour écouter, écoute !"…

¹³ Et il leur dit : "Vous ne comprenez pas cette parabole ? Comment comprendrez-vous alors toutes les autres paraboles ? "

¹⁴ Le semeur sème la Parole.

¹⁵ Il y a ceux qui sont au bord du chemin où la Parole est semée. Quand ils écoutent, aussitôt Satan vient et enlève la Parole qui a été semée en eux.

¹⁶ Il y a ceux qui reçoivent la semence sur la rocaille. Quand ils écoutent la Parole, ils la reçoivent aussitôt avec joie. ¹⁷ Mais ils n'ont pas de racines en eux. Ce sont des hommes d'un moment. Quand vient la détresse et la persécution à cause de la Parole, ils succombent aussitôt.

¹⁸ Il y en a d'autres qui reçoivent la semence dans les épines. Ils écoutent la Parole. ¹⁹ Mais les soucis du monde, l'amour des richesses et les autres envies les envahissent et étouffent la Parole. Elle ne porte pas de fruits.

²⁰ Il y a ceux qui ont reçu la semence dans la bonne terre. Ceux-là écoutent la Parole. Ils l'accueillent. Ils portent du fruit, l'un trente, l'autre soixante, l'autre cent."

Évangile selon saint Marc,
chapitre 4, versets 3 à 9 et 13 à 20.

POUR MIEUX COMPRENDRE CE TEXTE

1. Lisez d'abord la première partie (l'histoire, versets 3 à 9) puis la deuxième (le sens caché, versets 13 à 20).

2. Comparez ensuite les 4 terrains : à quel terrain correspond quelle catégorie de chrétiens ?

3. Recherchez dans le texte les mots : Parole et écouter.

VIVRE AUJOURD'HUI

ÉCOUTER, C'EST ACCUEILLIR

Certaines personnes entendent ce qui leur est dit. Mais pour elles, ce qui leur est communiqué n'est que du vent au milieu d'autres bruits. Des sons supplémentaires parmi d'autres sons. Dès qu'on leur a parlé, elles n'y pensent même plus. Tout a glissé sur elles, comme l'eau sur un caillou. Elles sont imperméables. Avec elles, c'est comme si on parlait dans le vide, pour rien !

Certaines personnes écoutent ce qui leur est dit. Elles s'intéressent réellement. Elles prêtent l'oreille et même se réjouissent ou s'attristent avec celui qui parle. Mais elles ne retiennent pas. Elles accordent autant d'attention aux détails sans importance qu'aux événements graves. Ce qui leur est dit ne les fait pas sortir de leurs habitudes : elles oublient !

Certaines personnes accueillent ce qui leur est dit. Elles font de la place, comme si elles ouvraient leur maison pour dire: "Venez, mettez-vous à l'aise". Ce qui leur est dit les atteint dans leur esprit et leur cœur. Elles se laissent déranger : "Que faut-il faire ?" Ce qui leur est dit transforme leur vie : elles se mettent à agir.

LA PAROLE

Jésus-Christ est la Parole : on l'entend dans tout ce qu'il a dit, on l'écoute dans tout ce qu'il fait, on la perçoit dans l'espérance qu'il a soulevée dans le monde et le sens qu'il donne à la vie, on l'accueille dans son Évangile. Ecouter la Parole, c'est l'accueillir dans la lecture de l'Évangile pendant la messe en y réfléchissant avec d'autres, en priant. Bien sûr, mais c'est aussi l'écouter dans tout ce que des hommes et des femmes entreprennent sur terre pour y planter l'amour de Dieu et du prochain. La Parole s'écoute aussi dans tout ce qui est fait de grand et de beau.

LES FRUITS DE LA PAROLE

Tout naturellement, celui qui accueille la Parole produit des fruits : il dit la vérité, il se réconcilie, il partage, il prie le Père, il distribue des trésors de bonté, il pardonne les offenses, il fait place au pauvre et à l'étranger, il offre ses capacités, il pousse en avant celui qui est toujours relégué en arrière... Partout où vivent les chrétiens devraient se récolter de beaux fruits de la Parole. Ce n'est pas aux bonnes intentions, ni aux mots gentils, c'est aux fruits qu'on vérifie l'accueil de la Parole.

CŒUR
DES VIVANTS

Semeur du cœur des vivants !
Semeur de tendresse,
semeur de courage,
semeur de service,
semeur de prière,
semeur de lumière,
Seigneur,
sème en nous !

Semeur de dons,
semeur de pardon,
semeur de foi,
semeur de joie,
semeur de vie,
semeur de Béatitudes,
Seigneur, sème
dans le cœur des vivants !

Même si nous sommes durs
comme des pierres,
sois patient avec nous !
Ta Bonne Nouvelle
finira par se faufiler
entre nos rocailles serrées
et par se lever
en grandes gerbes de Bonne Nouvelle !

CHAPITRE 17

LE LEVAIN
DANS LA PÂTE

AU TEMPS
DE JÉSUS

Dans l'Empire romain, les hommes attendent une période de paix et de bonheur. Certains voient en l'empereur celui qui peut apporter cette paix et ce bonheur. Quant aux Juifs, ils attendent depuis longtemps un changement total de la société et du monde. C'est leur grande espérance. Seul Dieu peut la réaliser. Ils pensent que Dieu viendra lui-même tout transformer, rétablir la justice et établir son Royaume.

Quand Jésus commence à parler aux foules, il dit : "Les temps sont accomplis ! Le Royaume de Dieu est là !" Il réveille une immense espérance dans les cœurs. Ses guérisons apparaissent comme des signes du Royaume.

Mais le monde n'est toujours pas transformé. Les occupants romains ne sont pas chassés. Les injustices continuent. Il n'y a pas de bouleversement extraordinaire. Beaucoup sont déçus : "Alors le Royaume de Dieu, c'est pour quand ?"

Jésus répond par deux paraboles : "Vous ne voyez rien maintenant. Mais le Royaume, c'est comme un grain de moutarde. Il est si petit qu'on ne le voit presque pas. Mais il deviendra un grand arbre. Aujourd'hui nous ne sommes qu'au début. Le Royaume est caché comme la levure dans la pâte. On ne la voit pas. Mais elle a le pouvoir de faire lever toute la pâte. Oui, le Royaume est là, petit comme un commencement. Il est caché, mais avec puissance."

AU TEMPS DES
ÉVANGILES

Après la Pentecôte, les premiers chrétiens continuent à attendre la venue du Royaume de Dieu. Chaque jour ils prient : "Que ton règne vienne !" Mais leur attente est longue. Rien d'extraordinaire ne se passe. Cependant les chrétiens deviennent de plus en plus nombreux. Ils sont comme des oiseaux qui s'abritent dans les branches du moutardier qui a grandi. L'Église serait-elle le Royaume ?

Quand, vers les années 90, l'Évangile de Matthieu est rédigé, le monde n'est toujours pas transformé. Dieu n'est pas encore venu de façon spectaculaire. On comprend alors mieux que l'Église n'est pas tout le Royaume. Elle n'en est qu'une étape, qu'une partie. Elle est dans le monde comme la levure dans la pâte. On comprendra que le Royaume a commencé en Jésus, qu'il est présent maintenant, mais qu'il ne viendra pleinement qu'à la fin des temps.

LE TEXTE DE L'ÉVANGILE

31 Jésus leur proposa une autre parabole : Le Royaume des Cieux est semblable à un grain de moutarde qu'un homme a pris et semé dans son champ.

32 C'est la plus petite de toutes les semences. Mais quand elle a grandi, c'est la plus grande des plantes potagères. Elle devient un arbre. Et les oiseaux du ciel viennent et s'abritent dans ses branches.

33 Il leur dit une autre parabole : Le Royaume des Cieux est semblable au levain qu'une femme a pris et enfoui dans trois mesures de farine, jusqu'à ce que le tout ait levé.

Évangile selon saint Matthieu,
chapitre 13, versets 31 à 33.

POUR MIEUX COMPRENDRE CE TEXTE

1. Calculez combien il faut de grammes de levure pour faire monter 10 kg de pâte.

2. Une parabole insiste sur la puissance du Royaume, laquelle ?

3. Une parabole insiste sur les humbles commencements du Royaume, laquelle ?

VIVRE
AUJOURD'HUI

Grand nombre

Si la Bonne Nouvelle est annoncée partout dans le monde et dans toutes les cultures, ce n'est pas pour augmenter le nombre des chrétiens. C'est afin que le plus grand nombre d'hommes et de femmes aient la chance de découvrir Jésus-Christ et puisse chercher auprès de lui, s'ils le désirent, la joie et la lumière pour vivre. Si on cherche seulement à être le plus grand nombre, on risque de se comporter comme les plus forts, comme des donneurs de leçons, comme des "maîtres" qui prétendent être les seuls à parler de Dieu, comme des "riches" qui pensent être les seuls à avoir droit à son amour. Être le plus grand nombre entraîne parfois la volonté de gouverner les autres, de les dominer, de leur imposer nos façons d'agir et de penser. En réalité, être le plus grand nombre exige la plus grande humilité.

Petits actes

Qu'est-ce qui change les relations entre les peuples ? Les grandes conférences de paix, les grands actes de solidarité, une fois par an ? Qu'est-ce qui fait grandir l'amour entre un homme et une femme ? Une déclaration enflammée deux fois par an ? Et la foi ? Une grand-messe aux jours de fête ? La paix est bâtie par des actes quotidiens d'entente et de respect accomplis inlassablement, par les hommes politiques, mais aussi par tous les individus dans leur existence quotidienne. La pauvreté diminue grâce aux actes d'entraide répétés avec patience par les pays, mais aussi par les efforts entrepris, dans les villes et les villages, pour permettre à chacun de mener une vie digne de vivant. L'amour s'épanouit à travers les multiples mots de tendresse et gestes d'attention accordés l'un à l'autre au long des jours. La foi s'approfondit dans la quotidienne prière confiante en Dieu et par la quotidienne pratique de sa Parole. Ce sont les petits actes qui transforment la vie. Humblement et patiemment repris, il font lever d'autres actes, de plus en plus. Dans les petits actes quotidiens germe la grande puissance du changement des hommes et de la terre.

Chrétiens - levain

Comment le Royaume de Dieu commencé en Jésus s'établira-t-il ? Comment l'espérance s'étendra-t-elle ? Par des coups d'éclat ? Par du grand nombre ? Il s'établira, elle s'étendra par des amis de Jésus qui, de façon humble et petite, apportent le plus de bonheur possible à la terre, qui par leurs actes et leurs comportements font "monter", dans la pâte humaine, la société, l'Église et le monde, l'amour et la justice voulus par Dieu pour tous les vivants.

CE N'EST RIEN

Ce n'est rien, Seigneur !
Ce n'est pas la peine d'en parler.
C'est juste un mot
pour défendre celui-là
qui est accusé injustement,
c'est juste de l'argent
pour celle-là qui en a besoin,
c'est juste une patience
pour celui-là qui ne progresse pas,
c'est juste une consolation
pour celle-là qui pleure,
ce n'est rien, Seigneur !

C'est juste une prière
en pleine journée,
c'est juste un groupe
réuni pour l'entraide,
c'est juste un pardon
avec celle-là qui m'a trahi,
c'est juste une chanson
pour dire ma foi.
Ce n'est rien, Seigneur !

"C'est juste un peu ?
Ce n'est rien ?
Mais c'est du levain
pour la terre de demain !"
dit le Seigneur !

LA FILLE DE JAÏRE

AU TEMPS DE JÉSUS

AU TEMPS DES ÉVANGILES

Les malades sont nombreux. On se soigne comme on peut. La médecine n'a pas toujours très bonne renommée. Ainsi les gens disent d'une femme malade : "Elle a beaucoup souffert à cause de nombreux médecins. Elle a dépensé tout son argent sans le moindre profit. Bien au contraire, le mal n'a fait qu'empirer" (Mc 5, 26).

Beaucoup pensent que les morts peuvent ressusciter. Dieu n'est-il pas le maître de la vie et de la mort ? On raconte les résurrections merveilleuses réalisées il y a huit siècles par les prophètes Élie et Élisée.
Les malades se tournent vers ceux qui sont capables de les aider. La renommée de Jésus n'est plus à faire.

Un chef de la synagogue, Jaïre, s'adresse à lui pour qu'il guérisse sa fille mourante. Jésus se rend chez lui. Tout le monde pense que la fille est déjà morte. Jésus la prend par la main et lui dit dans sa langue (en araméen) : "Talitha Koum". Cela signifie mot à mot : "Jeune fille, lève-toi". Elle se lève. Elle marche. Elle mange. Elle a douze ans, l'âge légal pour pouvoir se marier. Le père comprend mieux le sens de son nom : "Jaïre" signifie en effet "Dieu éveillera".

Jésus n'agit pas pour faire le malin, pour se vanter. Il ne laisse que peu de gens l'accompagner dans la chambre de la fille. Il demande qu'on ne dise à personne ce qui s'est passé. Pourquoi donc ? Parce que le geste qu'il vient d'accomplir ne pourra être vraiment compris qu'après sa propre Mort et sa propre Résurrection.

Marc ne fait pas partie du groupe qui accompagne Jésus. Il apprend l'éveil de la fille de Jaïre par Pierre qui était présent. Il écrit environ 40 ans plus tard pour des gens qui habitent à Rome et qui ne comprennent pas l'araméen, la langue parlée par Jésus. C'est pourquoi, il doit traduire la phrase que Jésus dit à la fille :"Talitha Koum !"

Pour cette traduction, il emploie deux mots : "éveille-toi" puis "elle se leva". S'éveiller, se lever, ces deux mots sont utilisés par les apôtres et les premiers chrétiens pour parler de la Résurrection de Jésus : "Il s'est éveillé d'entre les morts. Il s'est levé d'entre les morts."

A la lumière de la foi en la Résurrection, les lecteurs de Marc comprennent mieux ce que dit Jésus devant la fille de Jaïre : "Elle n'est pas morte. Elle dort". Ils savent que la mort n'est qu'un sommeil dont Dieu est capable de nous réveiller. Ils savent que la puissance de Dieu agit en Jésus.

Mais il y a une différence fondamentale entre l'histoire de la résurrection de la fille de Jaïre et celle de Jésus. La jeune fille se réveille pour continuer sa vie sur terre. Elle mourra de nouveau. Jésus ressuscité est transformé totalement pour une vie nouvelle. Pour lui, il n'y a plus de mort.

Les chrétiens qui lisent le récit de Marc reprennent courage face à la mort des leurs et face à leur mort. Ils savent que Dieu les ressuscitera, non pas pour une vie sur terre comme la fille de Jaïre, mais pour une vie sans fin comme Jésus à Pâques.

LA FILLE DE JAÏRE

LE TEXTE DE L'ÉVANGILE

²¹ Et Jésus traversa de nouveau en barque vers l'autre rive. Une foule nombreuse se rassembla près de lui. Et il se tenait au bord de la mer. ²² Et arrive un des chefs de la synagogue. Il s'appelle Jaïre. Voyant Jésus, il se jette à ses pieds. ²³ Il le supplie instamment en disant : "Ma petite fille est près de la mort. Viens, impose-lui tes mains pour qu'elle soit sauvée et qu'elle vive !" ²⁴ Et Jésus s'en alla avec lui. Une foule nombreuse le suivait et le pressait de toutes parts…

³⁵ Alors des gens arrivent de chez le chef de la synagogue. Ils disent : "Ta fille est morte. Pourquoi fatigues-tu le maître ?"

³⁶ Jésus, qui a entendu la parole qu'on venait de prononcer, dit au chef de la synagogue : "Ne crains pas ! Crois seulement !" ³⁷ Et il ne permit à personne de le suivre, excepté Pierre, Jacques et Jean, le frère de Jacques.

³⁸ Ils arrivent à la maison du chef de la synagogue. Jésus voit l'agitation, des gens qui pleurent et qui poussent beaucoup de cris. ³⁹ En entrant, il leur dit : "Pourquoi vous agitez-vous ? Pourquoi pleurez-vous ? L'enfant n'est pas morte, mais elle dort."

⁴⁰ Et ils se moquaient de lui.
Mais lui les met tous à la porte. Il prend avec lui le père de l'enfant, sa mère et ceux qui l'ont accompagné. Il entre là où était l'enfant. ⁴¹Il saisit la main de l'enfant et lui dit : "Talitha koum", ce qui se traduit "Fillette, je le dis, éveille-toi !" ⁴² Et aussitôt la fillette se leva et elle marchait. Et ils furent aussitôt stupéfaits d'une grande stupeur.

⁴³ Et Jésus leur recommanda vivement que personne ne le sût. Et il dit de lui donner à manger.

Évangile selon saint Marc,
chapitre 5, versets 21 à 24 et 35 à 43.

POUR MIEUX COMPRENDRE CE TEXTE

1. Quelle est l'attitude
que prennent face à Jésus
les personnes ou les groupes suivants :
- la foule nombreuse?
- Jaïre ?
- les gens réunis dans la maison ?
- les gens qui accompagnent Jésus ?

2. Quelle est la phrase qui montre
que l'on regardait Jésus
comme un guérisseur,
mais non comme quelqu'un
qui peut redonner la vie ?

3. Quelle est la phrase de Jésus
qui peut vous donner le plus de courage ?

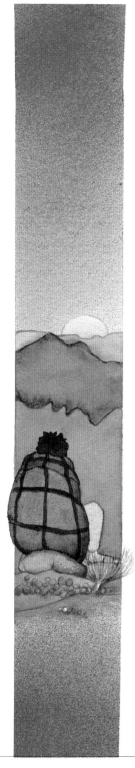

Mort

Quelle souffrance lorsque meurt un être aimé ! C'est la tristesse de le voir sortir de notre vie ; on ne peut plus le toucher, lui parler, l'embrasser. Il est parti, éloigné pour toujours. On se dit : "Sa joie a-t-elle disparu ? Son amour n'existe-t-il plus ? Le reverrons-nous ? Est-il parti pour toujours ? Restera-t-il ainsi sans souffle, sans parole, sans force, sans rire, inerte, allongé dans une éternelle absence ?" La peine nous tient et la peur nous saisit, car si mourir c'est disparaître pour toujours, alors quel désespoir ! Alors rien ne servirait à rien. Avec Jésus, l'espérance nous vient ! A nous qui avons peur devant la mort, il annonce que la mort ne casse pas la vie et qu'avec lui la vie suit la mort, de la même manière que l'éveil à la lumière suit le sommeil de la nuit. Jésus l'affirme et le réalise.

Les morts quotidiennes

La mort arrive logiquement à la fin de la vie sur terre et précède le réveil dans la vie de Dieu. Mais il y a des morts plus perfides qui se glissent dans la vie de tous les jours, si on n'y prend garde ! On "devient" mort quand on accepte de se coucher dans le découragement : "À quoi ça sert ? Je n'arrive à rien", quand on se laisse accabler par le désespoir, quand on décide de ne plus rien entreprendre et qu'on s'assoupit lentement dans la paresse. On laisse venir la mort quand on ne fait plus d'effort pour vaincre le mal, quand on se dit que l'Évangile est trop difficile à suivre et qu'on n'essaie plus de vivre en chrétien fidèle. On est mort quand on ne s'occupe que de soi et qu'on s'allonge dans l'égoïsme... Alors on est là, inerte, comme étalé dans un sommeil larvaire dont on ne veut plus être éveillé !

Jésus l'éveilleur

Avec Jésus le Christ, après la mort, on se relève dans la vie avec Dieu. Mais dès maintenant déjà, Jésus nous éveille à la grande vie. Il nous relève de tout ce qui tente, dès maintenant déjà, de nous affaler dans la mort, de diminuer notre amour et d'éteindre notre foi. Jésus est notre Éveilleur ! Il est là, sans arrêt, à nous saisir la main comme pour nous secouer l'esprit et le cœur, afin de nous éveiller à l'amour de notre Père, à la défense des plus petits et des plus pauvres, au partage des biens et du pain, à la joie largement répandue, à la prière pleine de confiance.

RELÈVE-LES

Regarde, Seigneur,
parmi tes bien-aimés enfants de la terre,
ils sont nombreux ceux et celles
qui ne peuvent plus bouger
et qui déjà s'abîment
dans la mort qui vient.

Ils n'ont plus d'espoir,
ils n'ont plus de travail,
ils n'ont plus de pays,
ils n'ont plus de paix,
ils n'ont plus de pain,
ils n'ont plus d'amour !

Ne les abandonne pas à la mort
qui déjà voudrait les saisir !
Prends-nous avec toi, Seigneur,
pour les relever du mépris
et qu'à nouveau ils soient respectés,
pour les relever de la solitude
et qu'à nouveau ils puissent parler !
Prends-nous avec toi, Seigneur,
pour les relever de la misère
et qu'à nouveau ils soient des hommes
et des femmes,
pour les relever de l'oubli
et qu'à nouveau ils se réjouissent.

Avec toi, Seigneur,
comme des ouvriers de vie,
nous venons relever nos frères
et nos soeurs de la terre !

LA MULTIPLICATION DES PAINS

AU TEMPS DE JÉSUS

AU TEMPS DES ÉVANGILES

Nous sommes au printemps. Même en Palestine l'herbe est verte. Après plusieurs mois d'action en Galilée, Jésus est déjà célèbre. Des gens viennent de partout pour le voir. Impossible de leur échapper. Ils l'écoutent toute la journée. Arrive le soir. Il faut manger. Comment nourrir cette foule ? Il n'y a que deux solutions : acheter de quoi manger ou partager ce que l'on a. Acheter le pain et le poisson habituels reviendrait trop cher : 200 pièces d'argent. Une pièce représente le salaire d'une journée pour un ouvrier.

Jésus se fait apporter les pains et les poissons trouvés dans la foule. Il dit la prière traditionnelle juive : "Bénis sois-tu, Seigneur notre Dieu, qui fais produire du pain à la terre". Puis il partage et fait partager les pains et les poissons entre tous. D'une façon merveilleuse, tous mangent à leur faim.

Les gens sont tellement contents qu'ils veulent faire de Jésus leur roi. Il refuse. Ce n'est pas pour cela qu'il est venu. Le signe du pain partagé a un tout autre sens.

Le souvenir de ce pain partagé a beaucoup marqué les premiers chrétiens. Les évangélistes racontent six fois une multiplication des pains. Pourquoi donc ? Ils veulent surtout montrer deux choses :

1. L'importance du partage. Ce qui compte, ce n'est pas d'avoir beaucoup d'argent pour pouvoir tout acheter. Des gens qui achètent et qui vendent font du commerce. Des gens qui partagent s'aiment. Les premiers chrétiens sont souvent invités à partager leurs biens avec les plus pauvres.

2. Le partage de l'Eucharistie. Dans les assemblées des premiers chrétiens, on ne partageait pas seulement le pain, mais aussi le "corps du Christ". Les Évangiles racontent la multiplication des pains avec les mêmes paroles que celles utilisées à la messe : "Il prit le pain, leva les yeux au ciel, dit la bénédiction, rompit le pain et le donna aux disciples". Ils veulent ainsi montrer que le partage du corps du Christ à la messe et le partage dans la vie sont étroitement liés.

CHAPITRE 19
LA MULTIPLICATION
DES PAINS

LE TEXTE DE L'ÉVANGILE

³⁴ En débarquant, Jésus vit une foule nombreuse. Il eut pitié d'eux, car ils étaient comme des brebis sans berger. Et il se mit à leur enseigner beaucoup de choses.

³⁵ Comme l'heure était déjà avancée, ses disciples s'approchant de lui, disaient : "Le lieu est désert et l'heure est déjà avancée. ³⁶ Renvoie-les pour qu'ils aillent dans les fermes des environs et dans les villages s'acheter de quoi manger". ³⁷ Il leur répondit : "Donnez-leur vous-mêmes à manger !" Ils lui dirent : "Nous faut-il aller acheter du pain pour deux cents pièces d'argent et leur donner à manger ?"

³⁸ Il leur dit : "Combien de pains avez-vous ? Allez voir !" S'étant informés, ils dirent : "Cinq, et deux poissons." ³⁹ Et il leur ordonna de les faire s'étendre par groupe de convives sur l'herbe verte. ⁴⁰ Ils s'allongèrent par carrés de cent et de cinquante.

⁴¹ Et, prenant les cinq pains et les deux poissons, levant les yeux vers le ciel, il dit la bénédiction, il rompit les pains et les donna aux disciples pour les servir. Il partagea aussi les deux poissons entre tous. ⁴² Et tous mangèrent et furent rassasiés.

⁴³ Et ils ramassèrent douze paniers pleins de morceaux de pain et des poissons. ⁴⁴ Ceux qui avaient mangé les pains étaient cinq mille hommes.

Évangile selon saint Marc,
chapitre 6, versets 34 à 44.

POUR MIEUX COMPRENDRE CE TEXTE

1. En relisant ce texte, notez sur une colonne les mots faisant penser à "acheter" et sur une deuxième colonne les mots faisant penser à "partager".

2. Dans ce texte, qui parle d'acheter, qui parle de partager ?

3. Que fait faire Jésus aux disciples pour les faire participer au partage ?

4. Pourquoi pensez-vous que le texte parle de 12 paniers ?

LA MULTIPLICATION DES PAINS

VIVRE
AUJOURD'HUI

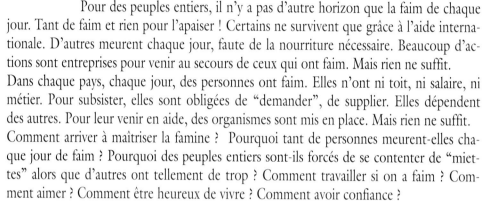

Dans le monde, la faim

Pour des peuples entiers, il n'y a pas d'autre horizon que la faim de chaque jour. Tant de faim et rien pour l'apaiser ! Certains ne survivent que grâce à l'aide internationale. D'autres meurent chaque jour, faute de la nourriture nécessaire. Beaucoup d'actions sont entreprises pour venir au secours de ceux qui ont faim. Mais rien ne suffit.

Dans chaque pays, chaque jour, des personnes ont faim. Elles n'ont ni toit, ni salaire, ni métier. Pour subsister, elles sont obligées de "demander", de supplier. Elles dépendent des autres. Pour leur venir en aide, des organismes sont mis en place. Mais rien ne suffit.

Comment arriver à maîtriser la famine ? Pourquoi tant de personnes meurent-elles chaque jour de faim ? Pourquoi des peuples entiers sont-ils forcés de se contenter de "miettes" alors que d'autres ont tellement de trop ? Comment travailler si on a faim ? Comment aimer ? Comment être heureux de vivre ? Comment avoir confiance ?

Un monde de partage

Un monde où l'important n'est pas d'acheter pour accumuler le plus de richesses pour soi, de vendre le plus cher possible, de posséder le plus pour soi, même si les autres ont de moins en moins pour eux-mêmes, où l'on ne considère pas seulement les autres comme des clients qui rapportent, un monde où l'on s'occupe des intérêts d'autrui et pas seulement des siens, où l'on partage avec ceux qui n'ont rien pour leur permettre de se développer et de ne pas mendier, un monde où l'amitié partagée a plus de valeur que les cotations des Bourses, où l'on s'entraide, où l'on se communique idées et capacités, où l'on donne par amitié et pas seulement pour s'enrichir, où l'on fait tout pour aider les autres à vivre en hommes et femmes libres: dans ce monde-là, la famine sera vaincue. Un rêve ? Non ! Avec Jésus, ce monde a commencé !

Les chrétiens multiplient le pain

Le pain, pour nous, c'est la nourriture quotidienne. Mais c'est aussi le travail, c'est la dignité, c'est la possibilité d'apprendre et de développer son intelligence, c'est la liberté de parler et de se déplacer, c'est la joie de connaître Dieu et de pouvoir le célébrer, c'est pouvoir choisir l'existence à mener, c'est...

Tous les vivants ont droit à ce pain-là ! Être chrétien, être chétienne, c'est travailler afin de "multiplier" ce pain-là. C'est agir pour que de plus en plus de vivants puissent se nourrir. Jésus a donné à manger. Comment croire en lui sans faire de même ?

ILS

Qui viendra à leur secours ?

Ils ont besoin de justice,
et personne pour les défendre.
Ils ont besoin de maison,
et personne pour construire.
Ils ont besoin de terre,
et rien à cultiver.
Ils ont besoin d'amour
à donner et à recevoir,
et personne.
Ils ont besoin de Dieu,
et personne pour l'annoncer.
Ils ont besoin de pain,
et personne pour partager.
Ils ont besoin de courage,
et personne pour les maintenir
debout et fiers.
Ils ont besoin de musique,
et personne
pour leur apprendre à chanter.
Ils ont besoin de nous !
Toi, Seigneur, depuis toujours,
tu es avec eux
et tu nous appelles à te rejoindre :
"Venez tous, les amis !
Nous avons besoin de vous !"

CHAPITRE 20
CONFESSION DE PIERRE

AU TEMPS
DE JÉSUS

AU TEMPS DES
ÉVANGILES

Beaucoup de gens suivent Jésus sur les routes de Palestine. Ils se demandent : "Qui est donc cet homme ? Il enseigne des choses nouvelles. Il guérit les malades. Il va chez tout le monde. Il dit ce qu'il pense, même au sujet de la religion." Jean-Baptiste a été décapité par Hérode. Jésus serait-il Jean-Baptiste ressuscité ?

On dit que le prophète Élie est monté au ciel sans mourir. On attend son retour. Jésus serait-il Élie qui revient ? Dans le passé Dieu a envoyé des prophètes : Isaïe, Jérémie, Ézéchiel. Jésus serait-il un de ces prophètes ? On attend aussi un Messie. Il a reçu l'onction royale de Dieu, comme David. Il doit libérer son peuple. Jésus serait-il ce Messie attendu ? Jésus ne dit rien. Il sait que personne n'est prêt à accepter un Messie qui doit être torturé et crucifié. Il veut que les hommes découvrent peu à peu qui il est.

Après la Mort de Jésus et l'annonce de sa Résurrection, la question "Qui est-il ?" se clarifie peu à peu. Les chrétiens reconnaissent en Jésus le Messie ou le Christ. Ils savent qu'il n'a pas été le Messie que beaucoup attendaient : un roi puissant qui chasse les étrangers (les Romains) et qui rétablit l'ancien royaume de David. Penser ainsi, ce n'est pas penser comme Dieu.

Mais pour beaucoup, la mort de Jésus sur la croix reste un scandale. Un Messie crucifié ? Impensable ! Marc veut leur montrer qu'il faut du temps pour comprendre. Même le chef des apôtres, Pierre, n'a pas compris tout de suite. Il s'est fait rabrouer et traiter de Satan (tentateur) par Jésus.

Marc écrit pour les chrétiens de Rome. Ceux-ci viennent de subir une persécution terrible. Certains ont été livrés aux bêtes dans les cirques. D'autres ont été brûlés comme des torches vivantes pour éclairer les jardins de l'empereur Néron. Les survivants ont perdu leurs amis, leurs parents, leurs biens et vivent dans l'angoisse. Il se retrouvent dans les paroles de Jésus transmises par Marc : "Si quelqu'un veut marcher derrière moi... qu'il prenne sa croix."

LE TEXTE DE L'ÉVANGILE

27 Jésus sortit avec ses disciples vers les villages de Césarée de Philippe. En chemin, il posa à ses disciples la question suivante : "Les hommes, qui disent-ils que je suis ?" 28 Ils répondirent : "Les uns disent Jean le Baptiste, d'autres, Élie, d'autres, un des prophètes."

29 Puis il leur posa cette question : "Et vous, qui dites-vous que je suis ?" Pierre prit la parole et répondit : "Toi, tu es le Messie !" 30 Et Jésus les rabroua pour qu'ils ne parlent de lui à personne.

31 Et il commença à leur enseigner qu'il faut que le Fils de l'homme souffre beaucoup, qu'il soit rejeté par les anciens, les grands prêtres et les scribes, qu'il soit mis à mort et qu'après trois jours, il se relève. 32 Il disait cela ouvertement. Pierre le prit à part et se mit à le rabrouer.

33 Mais lui, se retournant et voyant ses disciples, rabroua Pierre et dit : "Va-t-en ! Derrière moi Satan ! Car tes paroles ne sont pas celles de Dieu mais celles des hommes."

34 Il appela la foule et ses disciples et leur dit : "Si quelqu'un veut marcher derrière moi, qu'il renonce à lui-même, qu'il prenne sa croix et qu'il me suive."

Évangile selon saint Marc ,
chapitre 8, versets 27 à 34.

POUR MIEUX COMPRENDRE CE TEXTE

1. Cherchez Césarée de Philippe sur la carte de Palestine.

2. Quels sont les noms donnés à Jésus par :
   - les hommes ?
   - Pierre ?
   - Jésus lui-même ?

3. Recherchez le sens de ces noms dans le lexique.

4. Pourquoi pensez-vous que Jésus interdit à Pierre de dire aux autres qu'il est le Messie ?

VIVRE AUJOURD'HUI

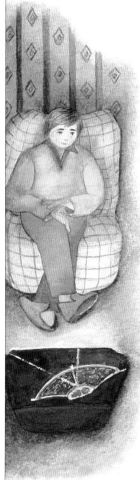

Et vous ?

Vous croyez en Jésus. Sa Parole vous fait vivre. Ce qu'il fait vous ouvre le chemin pour vivre. Sa Résurrection est une porte d'espérance. Si on vous pose la question : "Qui est-il donc ? Parlez-nous de lui !" que dites-vous alors de lui ? C'est un homme extraordinaire ? C'est un penseur aux idées étonnantes ? C'est le libérateur des hommes ? Le Sauveur ? C'est un héros aux actions d'éclat ? C'est le Fils de Dieu ? C'est un fondateur de religion ? C'est Dieu partageant la vie des hommes ? C'est un révolutionnaire dans la société de son époque ? C'est Dieu prenant visage d'homme ? Que dites-vous ? À qui donnez-vous votre foi ?

Suivre Jésus

Avancer dans la vie en croyant au Christ n'est pas vouloir imiter et répéter ce que Jésus a dit et fait en son temps. C'est, à notre époque, dans les difficultés et les beautés de ce temps, vivre en se laissant inspirer par la Bonne Nouvelle de Jésus. C'est s'engager dans le monde de ce temps avec la passion d'amour de Jésus. C'est regarder les hommes d'aujourd'hui avec l'attention témoignée par Jésus. "Marcher derrière lui" n'est pas trottiner maladroitement dans les traces de ses pas, comme des enfants ; c'est avancer dans la même direction que lui avec la même confiance en Dieu et le même respect pour les hommes. Suivre Jésus est difficile : il faut choisir, et choisir c'est renoncer ! On ne peut "suivre" son amour et demeurer dans l'égoïsme, on ne peut "suivre" son respect des hommes et des femmes et colporter le racisme, on ne peut "suivre" son accueil et déclarer que les hommes sont inégaux, on ne peut "suivre" ses Béatitudes et rester assis sur ses richesses ! Suivre Jésus est difficile. Mais est-il possible de partir vers la lumière en restant enfoncés dans ses pantoufles ?

Puissance

Les hommes et les femmes admirent ce qui est fort, ce qui brille, ce qui est glorieux, ce qui est beau comme une publicité. Ceux qui accomplissent des exploits, qui sont pleins de richesses, qui sont de grands dirigeants, attirent les foules. Quelle étrange foi, qui s'appuie sur la puissance et la belle apparence extérieure ! Jésus choisit un autre chemin. Il fréquente les pauvres, accueille les rejetés, il passe par la souffrance, par la honte de la croix : par amour. Sa puissance, la voici : rien ne l'arrête pour donner sa vie par amour !

NOUS
CROYONS

Seigneur Jésus,
nous croyons en toi !
Tu es né comme un enfant
de chez nous, de la terre.
Tu as grandi comme un garçon
de chez nous, de la terre.
Tu as travaillé comme un homme
de chez nous, de la terre !
C'est toi, notre Seigneur.
A toi notre admiration !

Nous croyons en toi !
Arrêté comme un malfaiteur,
trahi et torturé,
rejeté par les tiens.
Mis à mort dans la honte
sur du bois, sur la croix,
ressuscité, relevé par Dieu
du tombeau de mort !
C'est toi, notre Seigneur !
A toi notre confiance !

Nous croyons en toi,
tu traces les chemins
où la joie se récolte
en s'offrant d'amour
aux habitants de la terre !
Nous te suivons,
à toi notre vie !

LA TRANSFIGURATION

AU TEMPS DE JÉSUS

Dans chaque vie, il y a des moments de lumière. Ils ne durent pas longtemps. Je comprends mieux (ou je devine), avec le cœur et l'esprit, des questions importantes : Pourquoi j'existe ? Qu'est-ce que l'univers ? A-t-il des limites ? Où va-t-il ? Dieu existe-t-il ? A-t-il quelque chose à voir avec le monde ? Suis-je aimé de Dieu ? À quoi suis-je appelé ?

Pierre, Jacques et Jean étaient les apôtres les plus proches de Jésus. Un jour, ils ont fait une expérience semblable. Jésus les emmène seuls, à l'écart, sur une haute montagne. Probablement le mont Tabor, 562 m d'altitude. Ils se souviennent alors d'autres hommes qui sont montés seuls sur une montagne et dont la Bible raconte qu'ils y ont rencontré Dieu : Moïse dans le feu, la lumière, la nuée et la tempête ; Élie dans le silence d'une brise légère.

Voilà plusieurs mois que Pierre, Jacques et Jean accompagnent Jésus. Ils ont déjà compris que Dieu n'est pas loin. Maintenant sur la montagne, dans la solitude, ils découvrent que Moïse, Élie et Jésus sont liés. Ils comprennent aussi que parmi ces trois, Jésus est plus proche de Dieu et plus proche d'eux. Pour un instant, ils entrevoient qui est Jésus vraiment. C'est comme une grande lumière. Il est comme métamorphosé, transformé, transfiguré. Ils voudraient s'installer dans cette découverte fugitive. Mais aussitôt, ils se rendent compte qu'ils ont les pieds par terre. Il faut redescendre de la montagne. Ils se demandent jusqu'où cela va les mener.

AU TEMPS DES ÉVANGILES

Marc, qui nous raconte l'histoire de la Transfiguration, n'était pas sur la montagne. Mais son ami Pierre lui en a certainement parlé. Quand Marc compose son Évangile, il sait que Jésus a été crucifié et il croit en sa Résurrection. Avec les chrétiens, il croit que Jésus n'est pas seulement le Messie attendu, mais aussi le Fils bien-aimé de Dieu. Cela n'est pas facile à découvrir, à accepter et encore moins à comprendre. Pour cela on a besoin de l'aide de Dieu.

Marc montre donc que c'est Dieu lui-même qui nous fait connaître qui est Jésus. Comme ce fut déjà le cas au baptême, une voix mystérieuse se fait entendre : "Celui-ci est mon Fils, le bien-aimé. Écoutez-le".

Les premiers chrétiens étaient parfois tentés de rechercher l'extraordinaire, l'illumination, l'extase, comme le font certaines sectes aujourd'hui. On s'évade du monde pour se droguer avec la religion. Marc leur remet les pieds par terre. La Transfiguration n'a duré qu'un bref instant. Et Pierre, qui voulait s'y installer, ne savait pas ce qu'il disait. Il était affolé.

LA TRANSFIGURATION

LE TEXTE DE L'ÉVANGILE

² Et après six jours, Jésus prit avec lui Pierre, Jacques et Jean. Il les emmena sur une haute montagne, à l'écart, seuls. Et il fut transfiguré devant eux. ³ Ses vêtements devinrent éblouissants, d'une blancheur extrême, telle qu'aucun blanchisseur sur terre ne peut en produire. ⁴ Élie leur apparut avec Moïse. Ils étaient en train de s'entretenir avec Jésus.

⁵ Pierre intervint et dit à Jésus : "Maître, il est bon que nous soyons ici, dressons donc trois tentes, une pour toi, une pour Moïse et une pour Élie". ⁶ En réalité, il ne savait pas quoi dire. Car ils étaient affolés. ⁷ Et advint une nuée qui les couvrit de son ombre. Et advint une voix de la nuée : "Celui-ci est mon Fils, le bien-aimé. Écoutez-le !" ⁸ Et aussitôt, regardant autour d'eux, ils ne virent plus personne d'autre que Jésus seul avec eux.

⁹ En descendant de la montagne, Jésus leur ordonna de ne rien dire à personne de ce qu'ils avaient vu jusqu'à ce que le Fils de l'Homme s'éveille d'entre les morts (ressuscite). ¹⁰ Ils observèrent cet ordre, tout en discutant entre eux sur ce que voulait dire : "s'éveiller d'entre les morts."

Évangile selon saint Marc,
chapitre 9, versets 2 à 10.

POUR MIEUX COMPRENDRE CE TEXTE

1. Cherchez le mont Tabor sur la carte de la Palestine.

2. Quel est le sens imagé de "la nuée"? Regardez dans le lexique.

3. Faites la liste des personnages du texte. Il y en a sept. Attention, l'un d'entre eux n'est pas nommé. Pourquoi ?

4. Réalisez un schéma.
Au milieu écrivez "Jésus".
Notez les noms des personnages autour.
Reliez les personnages à Jésus avec des couleurs différentes selon les types de relation.

5. Cherchez où vous pourriez écrire votre nom sur ce schéma ?

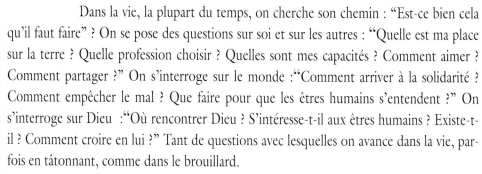

QUESTIONS

Dans la vie, la plupart du temps, on cherche son chemin : "Est-ce bien cela qu'il faut faire" ? On se pose des questions sur soi et sur les autres : "Quelle est ma place sur la terre ? Quelle profession choisir ? Quelles sont mes capacités ? Comment aimer ? Comment partager ?" On s'interroge sur le monde :"Comment arriver à la solidarité ? Comment empêcher le mal ? Que faire pour que les êtres humains s'entendent ?" On s'interroge sur Dieu :"Où rencontrer Dieu ? S'intéresse-t-il aux êtres humains ? Existe-t-il ? Comment croire en lui ?" Tant de questions avec lesquelles on avance dans la vie, parfois en tâtonnant, comme dans le brouillard.

MOMENTS DE CLARTÉ

Dans la vie, parfois c'est comme si le brouillard des questions était percé et comme si à travers cette ouverture, on pouvait distinguer clairement des réponses aux questions ! Pour un temps très court, c'est comme si tout devenait évident, en pleine lumière ! On devine, on saisit, on voit le chemin à suivre, ce dont on est capable, le travail à entreprendre pour transformer le monde, Dieu qui fait signe. A ces moments-là, on est sûr d'aimer, de croire en Dieu et d'être plus grands que le mal. Ce sont des instants de transfiguration, on voit plus loin que la réalité. On découvre la lumière : "C'est clair ! Vraiment, maintenant je comprends". Ces moments sont fragiles comme un rayon de soleil. Après, tout est de nouveau comme auparavant. Mais on porte en soi cette découverte. On sait, on a vu, on a entrevu des réponses et on a le courage de continuer à avancer en cherchant à aimer, à croire chaque jour. Ces moments peuvent survenir dans la prière ou la réflexion, dans la discussion, dans un acte de partage ou à travers les autres.

PLUS LOIN QUE LE VISAGE

Lorsqu'on est heureux à éclater de bonheur, lorsqu'on aime et qu'on est aimé à vouloir danser sur les toits, lorsqu'on a découvert l'amour de Dieu à vouloir le crier dans le monde entier, on le voit sur les visages : les visages sont transfigurés. Ils sont comme revêtus de la lumière de la joie ou de l'amour ou de la foi en Dieu. Alors on voit plus loin que les visages banals et quotidiens : sur le visage brille le secret du cœur ! Les visages sont beaux du secret des cœurs !

C'EST CLAIR

C'est clair, Seigneur Jésus ;
en toi, nous voyons
le beau visage de Dieu
penché sur les vivants
et leur murmurant :
"Vous êtes mes enfants.
Ne craignez jamais !
Je reste avec vous, toujours."

Où donc faut-il aller,
Seigneur Jésus, pour voir
le beau visage de Dieu
transparaître aujourd'hui
sur la terre des hommes ?
Là où l'on prie à plein cœur ?
Là où l'on partage à pleines mains ?
Là où l'on aime à pleine vie ?
Là où l'on chante à pleine voix ?
Là où l'on sert à profusion
le pardon des offenses ?
Fais-nous voir, Seigneur,
oh ! oui, fais-nous voir
le beau visage de Dieu
briller aujourd'hui clairement
sur la terre des vivants.

CHAPITRE 22
LE BON SAMARITAIN

AU TEMPS DE JÉSUS

AU TEMPS DES ÉVANGILES

Les savants, les docteurs de la loi, les chefs de prêtres n'aiment pas Jésus. Ils lui en veulent. Car il les dérange. Ils lui posent des questions pour l'embarrasser et le prendre au piège. Mais Jésus ne se laisse pas faire. Il comprend leur jeu.

Quelqu'un lui demande : "Que faut-il faire pour avoir la vie éternelle ?" "Tu le sais bien, lui dit Jésus. Tu connais la Loi. Comme tout Juif pieux, tu récites deux fois par jour ce passage : 'Tu aimeras le Seigneur ton Dieu de tout ton cœur, de toute ton âme et de tout ton pouvoir."

Autre question :"Quel est donc ce prochain que je dois aimer ?" Jésus invente une histoire. Dans le désert, un homme se fait attaquer par des brigands. Il est laissé à demi-mort. Trois hommes passent par là : un prêtre, un lévite (un serviteur du Temple) et un Samaritain (un étranger, très mal vu en Israël). Lequel des trois va secourir le blessé comme son prochain ? Pas celui que l'on croit.

Luc est le seul évangéliste à rapporter cette histoire de l'homme attaqué par les voleurs. Quand il la raconte, il ne s'adresse plus - comme Jésus en son temps - aux docteurs de la Loi, mais à des chrétiens de différents pays. Certains sont d'anciens Juifs. D'autres sont d'anciens païens.

Luc veut leur faire comprendre :

1. Que Jésus a continué à enseigner ce qui était dans la Loi juive (dans l'Ancien Testament) : "Tu aimeras Dieu et ton prochain !"

2. Mais qu'il a élargi cet enseignement. Maintenant le prochain n'est plus seulement le voisin, le compatriote, mais tout être humain.

3. Que le Samaritain (l'étranger) est plus proche de Dieu que le prêtre et le lévite.

Ce qui compte, ce n'est pas d'où l'on vient. C'est ce que l'on fait pour son prochain.

LE BON SAMARITAIN

LE TEXTE DE L'ÉVANGILE

²⁵ Et voici qu'un docteur de la Loi se leva et dit à Jésus pour le mettre à l'épreuve :"Maître, que dois-je faire, pour recevoir en partage la vie éternelle ?"

²⁶ Jésus lui dit : "Dans la Loi qu'y a-t-il d'écrit ? Comment lis-tu ?" ²⁷ Il lui répondit : *Tu aimeras le Seigneur ton Dieu de tout ton cœur, de toute ton âme, de toute ta force et de tout ton esprit et ton prochain comme toi-même.* ²⁸ Jésus lui dit : "Fais cela et tu vivras."

²⁹ Mais, lui, voulant se justifier, dit à Jésus : "Et qui est mon prochain ?"

³⁰ Jésus reprit et dit :"Un homme descendait de Jérusalem à Jéricho. Il tomba sur des brigands. Ceux-ci, après l'avoir dépouillé et couvert de plaies, s'en allèrent le laissant à demi-mort.

³¹ Or, par hasard, un prêtre descendait par ce chemin. Il le vit et passa de l'autre côté. ³² De même, un lévite arriva à cet endroit. Il le vit et passa de l'autre côté. ³³ Mais un Samaritain qui était en voyage arriva près de l'homme. Il le vit et fut saisi de pitié.

³⁴ Il s'approcha. Il pansa ses blessures en y versant de l'huile et du vin. Il le fit monter sur sa propre monture. Il le conduisit à l'auberge et prit soin de lui. ³⁵ Et, le lendemain, il prit deux pièces d'argent. Il les donna à l'aubergiste et lui dit : 'Prends soin de lui. Et ce que tu dépenseras en plus, je te le rembourserai à mon retour.'

³⁶ A ton avis, lequel de ces trois était-il le prochain de l'homme tombé entre les mains des brigands ? ³⁷ Il dit : "Celui qui a agi avec bonté à son égard". Jésus lui dit : "Va ! Toi aussi, fais de même !"

Évangile selon saint Luc,
chapitre 10, versets 25 à 37.

POUR MIEUX COMPRENDRE CE TEXTE

1. Regardez sur la carte de Palestine le chemin de Jérusalem à Jéricho,

2. Cherchez dans le lexique les mots suivants : Loi, lévite, Samaritain.

3. Connaissez-vous un autre épisode de la vie de Jésus en lien avec la Samarie ? (regardez chapitre 15)

4. Notez sur trois colonnes ce que fait le prêtre, le lévite et le Samaritain pour le blessé. Comparez.

VIVRE
AUJOURD'HUI

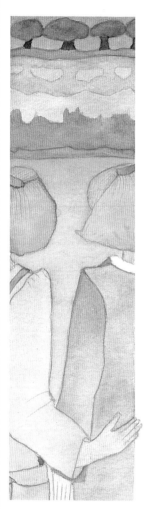

Prochain

Tout est précisé, dans le mot ! Le prochain est proche : il est tout près de moi, si près que parfois je ne remarque même plus sa présence à force d'être habitué à lui. Il fait partie de ma vie quotidienne. Il croise ma route de chaque jour. Qu'il soit tout près ou éloigné, le prochain est d'abord celui qui a le plus besoin de moi ! Avant tout. Avant le reste. Il a besoin d'aide, d'être écouté et regardé. Il a besoin d'être soutenu et aimé d'urgence. Celui qui est dans le besoin est toujours mon prochain. Il est de la même famille humaine que moi. Il est de la même famille de Dieu que moi. Tout être humain sans distinction est mon prochain.

Se rapprocher

Pourquoi se tient-on parfois éloigné du prochain ? Parce qu'on craint d'être entraîné trop loin si on se met à le regarder ! Et pourtant, on sait bien qu'il n'y a qu'une seule attitude possible devant un être humain : se rapprocher de lui, s'il est dans la détresse. Se rendre le plus proche possible afin qu'il nous voie et qu'il ne se sente plus seul. Venir tout près et l'aider à se relever, l'aider à se tenir debout tout seul, comme un homme, comme une femme. Alors on devient le prochain de ceux qui sont délaissés dans leur fossé de détresse.

Les samaritains

Les bons Samaritains d'aujourd'hui sont connus. On les trouve sur tous les lieux où les vivants appellent à l'aide ! Des vivants qui manquent d'amitié, qui n'ont pas d'abri, qui sont écartés de partout parce qu'ils sont étrangers, qui ne parviennent pas à faire entendre leur voix et leurs droits... Les Samaritains ne mesurent pas leur temps, il ne calculent pas avant de donner. Ils ne font pas de tri. Ils s'approchent de tous, sans distinction, car pour eux, tous sont des êtres humains criant à l'aide. Alors ils n'ont qu'un souci : sans tarder et sans compter, venir et secourir ! Selon leurs moyens. Il est normal que tous les chrétiens soient des bons Samaritains.

SUR
LES ROUTES

*Bons Samaritains :
c'est notre travail, Seigneur,
puisque nous bâtissons le monde,
selon les plans de ta Bonne Nouvelle.
C'est notre joie
puisque nous secourons
nos frères et nos sœurs !
C'est normal, Seigneur,
puisque nous sommes tes amis
et qu'avec toi,
nous prenons le chemin de l'amour !*

*Des bons Samaritains qui accueillent
ceux et celles qui sont rejetés,
des bons Samaritains qui parlent
à ceux qui sont mis de côté
et qui, sur eux, posent
un regard de respect ;
des bons Samaritains
qui rendent l'espoir
à ceux qui échouent sans arrêt
et qui s'approchent de ceux
qui sont ridiculisés !
Des bons Samaritains
pour qui l'étranger est toujours
un frère, une sœur.
Sur les routes de tous les jours,
donne-nous, ô Seigneur,
le courage des Samaritains
qui ne laissent personne
sur les bords de la vie !*

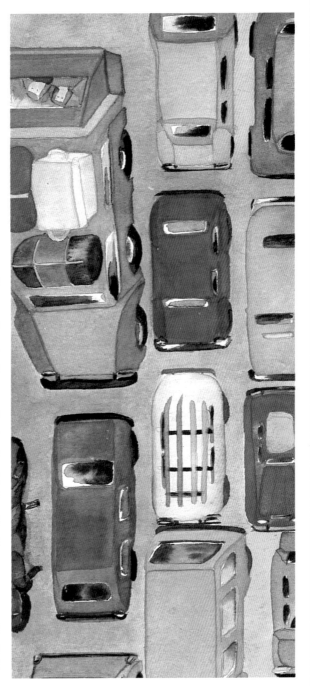

CHAPITRE 23
LE FILS PRODIGUE

AU TEMPS DE JÉSUS

Jésus ne fait pas de différence entre les gens. Il accueille tout le monde : ceux que l'on regarde comme "des gens bien", mais aussi les autres. Voici des collecteurs d'impôts. Ils sont mal vus. Voici une Samaritaine. Elle fait partie d'un peuple méprisé. Voici un soldat romain. N'est-ce pas un étranger et un païen ? Voici des gens regardés comme impurs, loin de Dieu, des pécheurs.

Autour de Jésus, on jase. Les pharisiens et les scribes le critiquent ouvertement : "Qu'il fréquente des gens qui, comme nous, observent la Loi, d'accord. Mais qu'il fasse bon accueil aux publicains et aux pécheurs, qu'il mange avec eux, c'est un scandale. Cela ne se fait pas."

Jésus se défend. Pour ce faire, il raconte quelques histoires. Une brebis s'est égarée. Le berger la cherche. Quand il la trouve, il est tout joyeux. Une femme a perdu une pièce d'argent. Elle la cherche partout. Quand elle la trouve, elle se réjouit avec ses amies. Un homme voit son fils le quitter. Quand celui-ci, le cœur plein de regrets, revient, son père est dans la joie. Il fait la fête pour l'accueillir.

Chacune de ces histoires, ou de ces paraboles, enseigne la même chose : quand on retrouve ce qu'on a perdu, on est heureux. Il en est de même pour Dieu. Il se réjouit quand quelqu'un qui est loin de lui revient. Il fait tout pour l'accueillir. C'est ce que fait Jésus en accueillant publicains et pécheurs.

AU TEMPS DES ÉVANGILES

Luc n'a pas connu Jésus de son vivant. Il n'a donc pas entendu les paraboles de sa bouche. Mais les premiers chrétiens ont gardé le souvenir de l'enseignement de Jésus. C'est chez eux que Luc trouve l'histoire du père qui voit partir son fils ingrat et qui l'accueille dans la joie à son retour.
En écrivant son Évangile, Luc ne s'adresse plus, comme Jésus, aux habitants de Palestine. Luc a beaucoup voyagé. Il connaît des chrétiens dans de nombreuses villes de l'Empire romain. Parmi eux, il y a des riches et des pauvres, d'anciens juifs et d'anciens païens, des gens regardés comme justes et d'autres considérés comme pécheurs.

Parmi eux, il y a aussi ceux qui se croient meilleurs que les autres. Ils ressemblent aux pharisiens qui se vantent de pratiquer toute la Loi. Ils ressemblent aussi au fils aîné de la parabole. Lui n'a pas quitté son père. Il est fier de lui dire : "Jamais je n'ai désobéi à un de tes ordres !"

C'est surtout à eux que Luc veut montrer quel est l'amour de Dieu pour le pécheur qui revient. C'est comme un vieux père qui se met à courir à la rencontre de son fils ingrat. Courir, pour un vieux père, cela ne se fait pas. C'est manquer de dignité. C'est s'abaisser. Pourtant, il le fait !

Luc ne dit pas quelle est la fin de l'histoire. Le frère aîné va-t-il rester enfermé dans sa colère ? Ou bien va-t-il se réjouir avec son frère et son père ? La question reste ouverte. C'est aux lecteurs de Luc d'y répondre par leur vie.

LE FILS PRODIGUE

LE TEXTE DE L'ÉVANGILE

[11] Jésus dit encore : "Un homme avait deux fils. [12] Le plus jeune dit à son père : 'Père, donne-moi la part de fortune qui me revient.' Il leur partagea son bien.

[13] Et, après peu de jours, le plus jeune fils, rassemblant tout, partit pour un pays lointain. Là il dissipa sa fortune en vivant follement. [14] Quand il eut tout dépensé, une dure famine survint dans ce pays. Et il commença à être dans le besoin.

[15] Il se mit au service d'un des citoyens de ce pays. Celui-ci l'envoya dans les champs garder les cochons. [16] Il aurait bien voulu remplir son ventre des caroubes que mangeaient les cochons. Mais personne ne lui en donnait. [17] Rentrant en lui-même, il se dit : 'Combien d'ouvriers de mon père ont du pain en surabondance, et moi je meurs de faim ici ! [18] Je me lèverai. J'irai vers mon père et je lui dirai : 'Père, j'ai péché envers le ciel et contre

toi. ¹⁹ Je ne suis plus digne d'être appelé ton fils. Traite-moi comme un de tes salariés'.

²⁰ Il se leva et alla vers son père. Tandis qu'il était encore loin, son père le vit et fut ému de pitié. Il courut se jeter au cou de son fils et l'embrassa tendrement. ²¹ Le fils lui dit : 'Père, j'ai péché envers le ciel et contre toi. Je ne suis plus digne d'être appelé ton fils.' ²² Le père dit alors à ses serviteurs : 'Vite ! Apportez la plus belle tunique et habillez-le. Donnez-lui un anneau pour sa main et des sandales pour ses pieds. ²³ Amenez le veau gras. Tuez-le. Mangeons et faisons la fête. ²⁴ Car mon fils que voilà était mort et il est revenu à la vie. Il était perdu et il a été retrouvé.'

²⁵ Or son fils aîné était aux champs. Quand à son retour il s'approcha de la maison, il entendit musique et danses. ²⁶ Il appela un des garçons. Il demanda ce que c'était. ²⁷ Il lui dit : 'Ton frère est arrivé et ton père a tué le veau gras, car il l'a retrouvé en bonne santé.'

²⁸ Il se mit en colère et ne voulut pas entrer. Son père sortit et le suppliait. ²⁹ Mais il répliqua à son père : 'Voilà tant d'années que je te sers. Jamais je n'ai désobéi à un de tes ordres et à moi tu n'as jamais donné un seul chevreau pour faire la fête avec mes amis. ³⁰ Mais quand ton fils que voici est revenu, après avoir dévoré ton bien avec des prostituées, tu as tué le veau gras.' ³¹ Il lui dit : 'Enfant, toi tu es toujours avec moi. Tout ce qui est à moi est à toi. ³² Mais il fallait faire la fête et se réjouir. Car ton frère que voici était mort et il a repris vie. Il était perdu et il a été retrouvé.' "

Évangile selon saint Luc,
chapitre 15, versets 11 à 32.

POUR MIEUX COMPRENDRE CE TEXTE

1. Recherchez tous les mots et les expressions qui expriment l'amour du père pour son fils.

2. Imaginez une (ou deux) suite(s) à cette parabole. Que va faire le fils aîné ?

3. Quel titre donneriez-vous à ce texte ?

VIVRE
AUJOURD'HUI

Meilleurs

On accuse les autres d'être menteurs, de ne pas tenir leurs promesses, de se conduire en mauvais chrétiens, de... Pourquoi ? Peut-être pour ne pas voir le péché qui habite notre vie ou pour pouvoir se dire : "Nous, au moins, nous avons les mains propres. Pas comme ceux-là ! Nous, nous appliquons les commandements de Dieu ! Nous, nous écoutons sa Parole ! Nous, nous ne faisons pas ce qui est interdit. Nous, nous avons des paroles justes et des pensées propres ! Nous, nous sommes toujours du côté de Dieu ! Nous, nous sommes de la véritable Église !" On se considère comme meilleurs que les autres qui ne sont que de pauvres pécheurs. On s'enferme comme dans une forteresse de pureté. Lorsqu'on se considère comme meilleurs, on pense avoir plus de droits, même sur Dieu. On est sûr que Dieu nous réserve une plus belle place, qu'il nous regarde avec un plus grand sourire et qu'il nous prépare de plus grands biens. Dieu nous fera sûrement plus d'honneurs : ne sommes-nous pas plus fidèles que les autres ? D'où vient donc cet orgueil dans le coeur ?

Revenir

Le péché consiste à se détourner de Dieu. A lui tourner le dos. A s'éloigner. Comme pour dire : "Ailleurs, je trouverai mieux pour être heureux. Près de toi c'est trop étroit, je n'ai pas assez de place pour organiser ma vie comme je voudrais. Tu m'empêches de faire ce que je veux, je me passe de toi !"

La conversion consiste à revenir vers Dieu. À tourner vers lui sa vie, à s'approcher, comme pour dire : "Loin de toi, c'est la mort. Près de toi, c'est la joie ; la source du bonheur est dans ta présence et dans ta parole. Tu m'aides à être libre et à grandir ma vie."

Les bras ouverts de Dieu

Dieu ne fait pas de différence entre ses enfants. Pour lui, il n'y a pas d'un côté les meilleurs et de l'autre les pécheurs ! Près de lui, certains ne sont pas mieux placés que d'autres. Ceux qui partent, ceux qui restent, ceux qui reviennent, pécheurs et saints, sont tous ses enfants qu'il aime du même amour. Dieu ne juge pas ceux et celles qui s'éloignent : avec une tendresse impatiente il attend leur retour. Plus encore, il n'attend pas, il va vers eux comme pour diminuer la distance qui sépare, comme pour être plus vite avec eux et les embrasser. Dieu ne s'écarte de personne : il regarde avec amour et il ouvre les bras à chacun. Pour ceux qui reviennent de loin, il n'y a pas de punition : il y a la fête de l'amour!

TENDRESSE

Ils nous disent, les autres :
Vous n'êtes rien,
vous n'êtes que du péché
et de vous on a honte
parce qu'avec plaisir,
vous traînez dans le mal.
Mais toi, notre Dieu,
tu cours vers nous
et notre visage sali,
tu l'essuies de ta tendresse.

Ils nous disent, les autres :
Vous n'avez rien à voir avec nous,
vous n'êtes plus de chez nous.
Vous ne pensez pas comme nous,
vous n'êtes pas comme nous,
vous n'avez pas respecté notre loi.
Mais toi, notre Père,
tu nous ouvres les bras
et notre vie souillée,
tu l'entoures de ta tendresse.

Ils nous disent, les autres :
Il n'y a pas de place ici
pour ceux et celles qui ont trahi.
Il n'y a pas d'honneur ici
pour celles qui sont parties.
Il n'y a pas de droit ici
pour ceux qui ont déserté.
Mais toi, notre Dieu,
tu nous prends tout contre toi
en ta grande tendresse de Père !

CHAPITRE 24

JÉSUS ET LES ENFANTS

AU TEMPS
DE JÉSUS

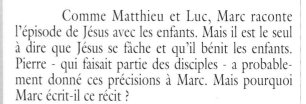

AU TEMPS DES
ÉVANGILES

Au temps de Jésus, les parents sont heureux d'avoir de nombreux enfants. Ils les regardent comme une bénédiction de Dieu. L'enfant leur doit obéissance et respect. Il doit rester soumis. Il dépend totalement d'eux. S'il n'obéit pas, le bâton est là pour le corriger.

Les parents sont souvent inquiets pour l'avenir de leurs enfants. Quand ils rencontrent un personnage célèbre, un rabbin ou un prêtre, ils lui demandent de toucher l'enfant. Ce contact physique est comme une promesse d'un bel avenir.

Voici que Jésus passe. Les mamans savent qu'il est un personnage hors du commun. Elles lui portent ou amènent leurs enfants petits et grands pour qu'il les touche. Mais les disciples, soucieux du service d'ordre, les chassent. Ils pensent que Jésus a des choses plus importantes à faire et à dire que de s'occuper des enfants.

Jésus se fâche. C'est rare ! Il demande qu'on laisse venir les petits. Il les embrasse et les bénit. Il les donne en exemple. Pour entrer dans le Royaume, il faut leur ressembler.

Comme Matthieu et Luc, Marc raconte l'épisode de Jésus avec les enfants. Mais il est le seul à dire que Jésus se fâche et qu'il bénit les enfants. Pierre - qui faisait partie des disciples - a probablement donné ces précisions à Marc. Mais pourquoi Marc écrit-il ce récit ?

Il écrit pour des chrétiens qui se réunissent régulièrement. Dans les assemblées il y a aussi des enfants de tous âges. Parfois ils dérangent. Il veut leur montrer qu'il faut les accepter comme Jésus l'a fait.

Il écrit pour des gens qui croient que c'est compliqué d'entrer dans le Royaume, de devenir chrétien. Marc leur dit :"Il suffit d'être comme un enfant."

Il écrit pour des chrétiens qui se disputent parfois pour savoir qui sera le chef du groupe. Qui commande ? Qui est le plus grand ? Marc leur dit : "Il faut plutôt se demander : qui ressemble à un enfant ?"

Il écrit pour des chrétiens dont les responsables ont eu leur pouvoir par l'imposition des mains. Ils devraient être comme ces enfants auxquels Jésus a imposé les mains.

¹³ Et ils lui amenaient des enfants pour qu'il les touche. Mais les disciples les rabrouèrent.

¹⁴ Voyant cela, Jésus se fâcha. Il leur dit : "Laissez les enfants venir à moi ! Ne les empêchez pas ! Car le Royaume de Dieu est à ceux qui leur ressemblent.

¹⁵ En vérité, je vous le dis : Celui qui n'accueille pas le Royaume de Dieu comme un enfant, n'y entrera pas."

¹⁶ Et après les avoir serrés dans ses bras, il les bénissait en posant les mains sur eux.

*Évangile selon saint Marc,
chapitre 10, versets 13 à 16.*

POUR MIEUX
COMPRENDRE CE TEXTE

1. Quels sont les personnages et que font-ils ?

2. Que veulent les parents
qui amènent les enfants ? (v.13)
Qu'ont-ils obtenu ? (v.16).
Comparez.
Que pensez-vous de cette comparaison?

3. Cherchez dans le lexique
le sens des mots suivants :
disciples, imposition des mains,
en vérité, Royaume.

VIVRE
AUJOURD'HUI

ENFANTS DU MONDE

Des millions d'enfants sont heureux dans le monde. Mais le nombre est plus grand encore des enfants qui vivent dans la détresse.

Enfants séparés de leurs parents, enfants battus, enfants mourant de froid et de faim, enfants des abris de toile et de carton. Enfants des camps de réfugiés. Enfants fouillant dans les poubelles afin de manger. Enfants mendiants. Enfants de la guerre n'ayant d'autre spectacle que des armes de mort. Enfants forcés de travailler dans des conditions d'esclaves, enfants de la violence qui cassent tout, enfants de la drogue qui ne savent plus comment vivre, enfants sans école ni instruction à cause de la pauvreté. Enfants de la joie, enfants de la souffrance, ils sont l'avenir et le bonheur du monde ! Ils sont les enfants bien-aimés de Dieu !

"LAISSEZ LES ENFANTS !"

Dans les paroles de Jésus, on entend un appel vibrant : "Ne touchez pas aux enfants !" Il faut protéger les enfants, comme on protège la vie. Chaque enfant est une personne apprenant à penser, à décider, à aimer, à connaître Dieu, à respecter les autres. Il s'agit de tout entreprendre afin qu'avec les autres, au milieu de sa famille et de la société, l'enfant puisse grandir, se développer, prendre sa place, rendre le monde plus humain, découvrir Dieu et suivre librement, s'il le décide, le chemin de la foi.

On retrouve l'écho de l'appel vibrant de Jésus dans la Convention sur les Droits de l'Enfant établie par les Nations Unies et dans tant d'organismes luttant pour le respect de tous les enfants.

Comment pourrait-on être fidèle à Jésus sans se dépenser pour procurer le pain et l'amour, la présence et l'éducation, l'éveil de l'esprit et la dignité à tout être et d'abord aux enfants qui sont au commencement de la vie ?

ÊTRE COMME DES ENFANTS

Pour accueillir l'Évangile et vivre selon la Parole du Christ, il faut être comme un enfant. Bien sûr, cela ne signifie pas qu'il est nécessaire d'être infantile ou de gazouiller comme un nourrisson.

Comme des enfants, les amis de Jésus ne sont pas orgueilleusement sûrs de tout connaître de la vie. Ils ont besoin des autres et de leur amour. Ils ont besoin de Dieu et de sa Parole. Ils ont encore tout à recevoir. Ils ne prétendent pas tout savoir ni être les seuls à posséder la vérité. Ils ne se considèrent pas comme les plus forts, ils hésitent. Ils acceptent d'être éduqués sans cesse et d'apprendre encore. Ils se réjouissent du bonheur du monde et se révoltent contre le mal. Ils courent après le bonheur et ils entraînent les autres dans leur ronde. Ils se jettent sans compter dans l'annonce joyeuse de l'Évangile.

INSTRUCTION

*Moi, Seigneur,
être un enfant de l'Évangile ?*

*Moi, Seigneur,
qui aime commander
et plier les autres
à mes quatre volontés ?
Moi qui aime
être le plus grand ?
Moi qui aime avoir raison
et obliger les autres à se taire
afin de m'écouter en premier ?
Moi qui explose de colère
pour imposer mes caprices ?
Moi, Seigneur ?*

*Pour devenir un enfant de l'Evangile,
prends-moi Seigneur,
à ton apprentissage !
Enseigne-moi ton commandement
où l'on aime Dieu en premier
et où l'on sert son prochain
en premier.
Apprends-moi à être attentif
à ta Parole qui vient changer la vie !
Éduque-moi loin
de l'orgueil et du mensonge.
Instruis mon esprit
pour que je puisse te chercher
et te suivre de tout mon cœur.*

*Ô, Seigneur, je voudrais tant
devenir un enfant de l'Évangile!*

CHAPITRE 25
LE JEUNE HOMME RICHE

AU TEMPS DE JÉSUS

Beaucoup de gens suivent Jésus. Certains ont tout quitté pour être avec lui. Pierre, André et Jean ont laissé leur père et sa petite entreprise de pêche. Lévi (appelé aussi Matthieu) a arrêté son travail au bureau de douane. D'autres se sont séparés de leur maison, de leur famille, de leur village. Certains sont pauvres. Ils ne possèdent ni biens, ni emploi, ni famille. Ils sont plus libres pour suivre Jésus.

Jésus annonce le Royaume. C'est une vie nouvelle. Elle commence dès maintenant. Elle durera toujours. Elle traversera la mort. On l'appelle la vie éternelle.

Voici un nouveau venu. Il accourt vers Jésus. Il est plein de bonnes intentions : "Que faut-il faire pour avoir la vie éternelle ?" Il observe déjà avec soin les commandements. Jésus lui propose de faire davantage : "Vends tes biens et donne l'argent aux pauvres !" Il baisse la tête et s'en va tout triste. Il est trop riche. Il n'a pas le courage de se séparer de ses biens. Jésus ne le retient pas. Il ne force personne à le suivre.

AU TEMPS DES ÉVANGILES

Marc raconte ce souvenir aux chrétiens de sa communauté. Parmi eux il y a des pauvres et des riches. C'est surtout à ces derniers qu'il s'adresse ici. Que veut-il leur dire ?

- Que Jésus les aime aussi comme il a aimé l'homme qui était accouru vers lui.

- Que Jésus leur demande d'observer les commandements. Mais Marc en ajoute un dans la liste : "Tu ne frustreras personne de son dû". Cela signifie pour ceux qui ont des domestiques, des esclaves ou des ouvriers : "Tu les payeras suffisamment et à temps". L'apôtre Jacques utilise le même mot "frustrer" (priver) pour faire un reproche aux riches : "Le salaire dont vous avez frustré vos ouvriers... crie vers le Seigneur !" (Jc 5, 4)

- Que Jésus leur propose d'aller plus loin. Certains chrétiens ont déjà vendu leurs biens et partagé l'argent aux pauvres (Actes 2, 44-45). Pourquoi n'en feriez-vous pas autant ? La joie du partage vaut mieux que la tristesse du chacun pour soi.

LE TEXTE DE L'ÉVANGILE

¹⁷ Comme Jésus se mettait en route, quelqu'un accourut, se jeta à genoux devant lui et lui demanda : "Bon maître, que dois-je faire pour avoir en partage la vie éternelle ?"

¹⁸ Jésus lui dit : "Pourquoi me dis-tu bon ? Nul n'est bon sinon Dieu seul. ¹⁹ Tu connais les commandements : *"Ne tue pas, ne commets pas d'adultère, ne vole pas, ne porte pas de faux témoignage*, ne frustre personne de son dû, *honore ton père et ta mère"*.

²⁰ Mais celui-ci lui dit : "Maître, toutes ces choses, je les ai observées avec soin depuis ma jeunesse". ²¹ Jésus, ayant fixé sur lui son regard, l'aima et lui dit : "Une seule chose te manque. Va, vends ce que tu as. Donne-le aux pauvres et tu auras un trésor dans le ciel. Puis viens, suis-moi !"

²² Mais il s'assombrit à cette parole et il s'en alla tout triste. Car il avait beaucoup de biens.

Évangile selon saint Marc,
chapitre 10, versets 17 à 22.

POUR MIEUX COMPRENDRE CE TEXTE

1. Qu'a fait l'homme riche jusque maintenant ? Qu'est-ce que Jésus lui demande de plus ?

2. Parmi les actions ou attitudes de Jésus, laquelle vous semble être la plus importante ?

3. Comparez les versets 17 et 22. Parmi ces mots, lesquels caractérisent l'un ou l'autre de ces versets : arrivée, départ ; tristesse, joie ; ouverture, fermeture ; passé, avenir ; rencontre, séparation.

4. Dans le lexique, cherchez l'explication du mot "riches".

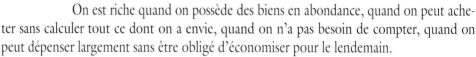

Riche

On est riche quand on possède des biens en abondance, quand on peut acheter sans calculer tout ce dont on a envie, quand on n'a pas besoin de compter, quand on peut dépenser largement sans être obligé d'économiser pour le lendemain.

On est riche aussi quand on a acquis beaucoup de connaissances, quand on peut cultiver son intelligence, quand on a beaucoup de temps pour de multiples loisirs, quand on peut compter sur beaucoup d'amis, quand on a de nombreuses capacités et qualités, quand on reçoit beaucoup d'amour. On est riche de façon très variée ! Etre riche n'est pas un péché. C'est bien, mais c'est une responsabilité plus grande.

Enchaîné

Jésus ne condamne pas les riches. Il n'a jamais condamné personne ! Il met seulement en garde les riches, car ils risquent de devenir les esclaves de ce qu'ils ont. S'ils ne font pas attention, ils se laissent dominer par leur richesse, ils ne voient plus qu'elle. Toute leur vie se met à tourner uniquement autour de ce qu'ils possèdent. Rien d'autre ne les intéresse : ni les autres, ni Dieu, ni aimer, ni donner, ni se donner. Ils veulent tout avoir et tout garder. Ils n'ont plus d'autre bonheur que posséder : ils sont enchaînés à leurs richesses. Ils ne cherchent qu'à "avoir" et non plus à vivre en lien avec les autres et

Suivre Jésus

Impossible d'avancer avec Jésus-Christ, si on est trop chargé ou si on regarde tout le temps en arrière pour regretter ce qu'on laisse derrière soi ! Impossible d'aimer avec Jésus si on reste fixé sur les possessions, car justement, pour aimer, on partage ce qu'on a et ce qu'on est. Avec Jésus-Christ si on le désire, on va plus loin, on ne se contente plus de faire juste ce qu'il faut, on fait tout ce qu'on peut, on ne donne pas une part seulement : on offre tout ! Comme lui, Jésus, l'a fait tout au long de sa vie. Plus on possède, plus on est appelé à partager !

Libre

On peut accepter ou refuser d'aller aussi loin que Jésus le propose. Chacun est libre dans son cœur et dans sa vie ! Quelle que soit notre décision, l'amour du Christ nous est offert. Ce qui compte, c'est de se mettre au moins en route avec Jésus. Peut-être un jour son appel touchera notre cœur et nous fera comprendre que nous sommes capables d'aller beaucoup plus loin !

RICHES

Riches d'amour,
riches de bonté,
riches de joie,
riches de foi,
quel trésor, le vôtre !
Venez et donnez !

Riches d'amis, accueillez !
Riches de rire, consolez!
Riches de prière,
priez pour vos frères !
Quel trésor, le vôtre :
distribuez sans compter !

Vous qui savez parler,
prenez la défense
de ceux qui n'osent rien dire.
Vous qui êtes forts,
encouragez ceux qui hésitent
et soutenez ceux qui tombent
sous le fardeau de vivre.
Vous qui êtes baignés de bonheur,
entraînez dans votre lumière
ceux et celles qui se noient
dans la peur.
Quel trésor, le vôtre !
Vous avez tout reçu.
Il ne vous reste plus
qu'à tout donner
pour avancer à ma suite !

CHAPITRE 26
BARTIMÉE, L'AVEUGLE

AU TEMPS DE JÉSUS

A 35 km de Jérusalem, Jéricho est une ville agréable. Une oasis riante dans un désert austère proche de la mer Morte. Hérode a fait reconstruire la ville. Elle sert de résidence d'hiver pour les grands de Jérusalem. L'eau y est abondante grâce aux sources et aux aqueducs. Ce n'est pas pour rien qu'on l'appelle "la ville des palmiers". Jéricho est aussi une étape pour les pèlerins qui se rendent à Jérusalem. Il leur reste encore une journée de marche.

A la porte de la ville, tendant la main aux passants : des mendiants. Ce sont les laissés-pour-compte de la société. Ils sont sans ressources, malades, sans assistance. Pas question de sécurité sociale. Parmi eux, Bartimée, aveugle. Comme tous les jours, il espère quelques pièces d'argent. Mais aujourd'hui n'est pas un jour comme un autre.

Car l'aveugle n'est pas sourd. Il a entendu que Jésus et ses apôtres vont passer. Comme tout son peuple, il attend un Messie, un libérateur, un sauveur. Peut-être lui apportera-t-il la guérison ? Les voici. Bartimée crie de toutes ses forces. Il appelle Jésus par le nom réservé au Messie : "Fils de David !" Jésus l'écoute. Il lui redonne la vue. Bartimée se met en route à la suite de Jésus. Il a ouvert les yeux. Mais il lui reste encore beaucoup à découvrir.

AU TEMPS DES ÉVANGILES

Marc écrit ce récit de la guérison de l'aveugle pour des chrétiens qui ont parfois du mal à voir qui est Jésus et à le comprendre. Comme Bartimée, ils ont besoin d'être guéris et sauvés. Comme lui, ils comprennent assez facilement que Jésus est le "Fils de David". Mais il est plus que cela.

Comme lui, il leur reste encore beaucoup à découvrir. Pourquoi donc Jésus a-t-il été crucifié ? Qu'est-ce que cela veut dire : "Il est ressuscité ?"

Comme lui, ils utilisent les mêmes paroles : "Aie pitié de moi" ou "Aie pitié de nous". Ils ne font plus cette prière à la porte de Jérico, mais quand ils se réunissent dans leurs maisons pour se souvenir de Jésus.

Matthieu et Luc racontent aussi ce récit de guérison. Mais ils ne donnent pas le nom de l'aveugle. Pourquoi Marc l'appelle-t-il "Bartimée, le fils de Timée ?" C'est peut-être parce que cet homme, devenu chrétien, est connu des lecteurs de Marc.

LE TEXTE DE L'ÉVANGILE

⁴⁶ᵇ Tandis que Jésus sortait de Jéricho avec ses disciples et une foule considérable, le fils de Timée, Bartimée, un mendiant aveugle, était assis au bord du chemin.

⁴⁷ Apprenant que c'est Jésus de Nazareth, il se mit à crier et à dire : "Fils de David, Jésus, aie pitié de moi !" ⁴⁸ Et beaucoup le réprimandaient sévèrement pour qu'il se taise. Mais il n'en criait que plus fort : "Fils de David, aie pitié de moi !"

⁴⁹ Jésus s'arrêta et dit : "Appelez-le !" Ils appellent donc l'aveugle en lui disant : "Courage, lève-toi, il t'appelle !" ⁵⁰ Celui-ci rejeta son manteau et d'un bond vint vers Jésus.

⁵¹ S'adressant à lui, Jésus dit : "Que veux-tu que je fasse pour toi ?" L'aveugle lui dit : "Rabbouni, que je voie !"

⁵² Et Jésus lui dit : "Va, ta foi t'a sauvé !" Aussitôt il vit. Et il le suivait sur le chemin.

Évangile selon saint Marc,
chapitre 10, versets 46b à 52.

POUR MIEUX COMPRENDRE CE TEXTE

1. Relisez le texte et notez sur trois colonnes :
ce que fait Jésus,
ce que fait l'aveugle,
ce que font les gens (ils, on).

2. Qu'est-ce qui a changé pour l'aveugle ?
Est-ce qu'il retrouve seulement la vue ?

3. Cherchez Jéricho sur la carte de Palestine
et repérez le chemin de Jéricho à Jérusalem.

4. Cherchez dans le lexique le sens
de "Fils de David" et de Rabbi (Rabbouni).

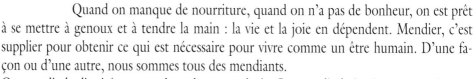

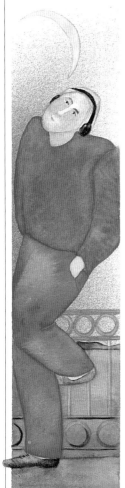

Mendiants

Quand on manque de nourriture, quand on n'a pas de bonheur, on est prêt à se mettre à genoux et à tendre la main : la vie et la joie en dépendent. Mendier, c'est supplier pour obtenir ce qui est nécessaire pour vivre comme un être humain. D'une façon ou d'une autre, nous sommes tous des mendiants.

On mendie la dignité parce qu'on n'a aucun droit. On mendie la justice parce qu'on est persécuté. On mendie le respect parce qu'on n'est pas écouté. On mendie l'amitié parce qu'on est abandonné et qu'on voudrait tant aimer et être aimé. On mendie le pain parce qu'on est soumis à la faim quotidienne. On mendie la consolation parce que les fardeaux de la vie sont difficiles à supporter. On mendie la guérison parce qu'on n'en peut plus de souffrir. On mendie la pureté parce qu'on voudrait être débarrassé du péché qui revient. On mendie la foi parce qu'on voudrait être sûr de Dieu... Vers qui se tourner ?

Aveugles

Jésus le Christ écoute nos appels mendiants ! Il vient saisir notre main tendue, nous sauver, c'est-à-dire nous libérer de ce qui nous écrase et nous entraîner sur le chemin de la vie.

Mais souvent nos esprits et nos cœurs restent aveugles. Ils refusent de le voir ! "À quoi sert-il de crier vers lui ? Peut-être vaut-il mieux placer son espoir dans les richesses et les plaisirs ? Vaut-il la peine de se fier à lui ? S'occupe-t-il vraiment de tous ceux qui crient au secours ?" Nous doutons de lui en nous fermant à sa Parole de bonne nouvelle. Nous ne cherchons même pas à voir les signes de son amour autour de nous : tout ce que les vivants entreprennent pour sauver leurs frères et leurs sœurs ! Nous fermons notre esprit : nous ne cherchons pas à le connaître davantage.

Ouvrir les yeux

Croire en Jésus le Christ, c'est comme ouvrir les yeux : on reconnaît que lui seul nous guérit et nous sauve. Que lui seul nous arrache à ce qui nous empêche de vivre. À nos cris mendiants, il répond en nous montrant la tendresse de Dieu notre Père, en nous appelant à partager pain et joie avec tous, en nous libérant du péché qui enchaîne, en nous offrant sa présence, en traçant un passage à travers la mort. C'est ainsi qu'il nous guérit et nous sauve : en nous invitant à vivre avec lui !

OUVRE

Aie pitié de moi, Seigneur !
Je suis petit,
je n'arrive à rien
avec ce péché
qui me tend ses pièges,
qui me fait recommencer
les mêmes erreurs
et tomber dans les mêmes tentations.
Ô Christ, Fils de Dieu,
ouvre ma confiance !

Tant de questions
se pressent dans mon cœur.
Pourquoi la guerre,
toujours en premier ?
Pourquoi la souffrance
qui détruit le bonheur ?
Pourquoi la mort
qui s'en prend à la vie ?
Pourquoi le malheur
partout sur les innocents ?
Ô Christ, Fils de Dieu,
ouvre mon espérance !

Ouvre ma foi.
Ô Christ Fils de Dieu,
pour que je crois en toi
le Sauveur des vivants,
le Seigneur qui fait triompher la vie !

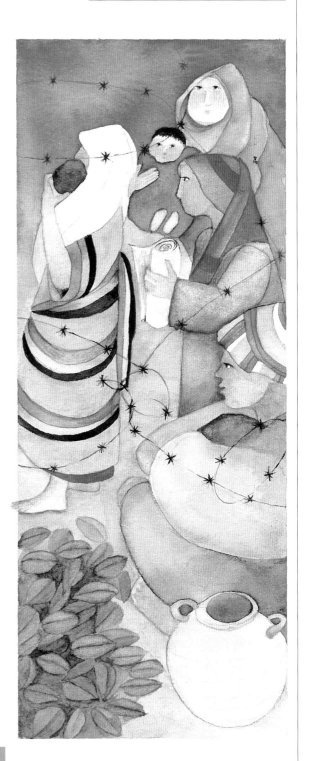

CHAPITRE 27

L'ENTRÉE À JÉRUSALEM

AU TEMPS DE JÉSUS

AU TEMPS DES ÉVANGILES

Un jour Jésus dit : "Nous montons à Jérusalem". Ses amis sont consternés. Ils tremblent de tous leurs membres. Dans la campagne, ils étaient libres de dire et faire comme ils voulaient. A Jérusalem, la capitale, ils vont affronter les chefs de prêtres et du peuple. Et Jésus leur a déjà laissé entendre que cela se passerait mal. Mais ils sont attachés au maître. Ils le suivent.

La Pâque, la grande fête des Juifs, est proche. De partout, non seulement de Palestine mais de l'Empire romain, les pèlerins affluent en groupe vers Jérusalem. Jésus et ses amis approchent également de la ville. Il est connu. Des Galiléens l'ont précédé. On l'acclame comme un roi, comme le Messie. Beaucoup crient "Hosanna !" c'est-à-dire "Sauve-nous donc !" Ils pensent tout bas : "Sauve-nous des Romains !" Ils rêvent d'un nouveau royaume de David. Le peuple serait libre, indépendant, heureux comme au temps de ce grand roi. Ils pensent que Jésus vient pour cela.

Jésus ne refuse pas qu'on l'acclame. Mais il montre que le rôle du Messie n'est pas ce que l'on croit. La monture du roi, du guerrier, du conquérant, c'est le cheval. Jésus n'utilise pas le cheval. Il entre à Jérusalem sur le dos d'un ânon. C'est la monture du pauvre, du petit, du Messie qui refuse l'attirail guerrier des rois. Jésus ne vient pas pour chasser les Romains. Ce qu'il vient faire, c'est beaucoup plus important.

Tout ceci se passe le premier jour de la semaine (notre dimanche). Les jours qui suivent seront rudes. Les apôtres avaient raison de trembler.

Ceux qui, en l'année 30 crient "Hosanna ! Sauve-nous donc !" à Jésus entrant à Jérusalem ne savent pas comment la semaine qui commence va se terminer. Ceux qui - bien plus tard - ont écrit les Evangiles savent que le vendredi de la même semaine Jésus a été exécuté.

Vers la fin du Ier siècle, les Romains sont toujours là. Plus forts que jamais. Les premiers chrétiens ont eu le temps de comprendre que le ferment de l'Évangile était autre chose qu'une guerre, perdue d'avance, contre Rome.

Quand Marc écrit son Évangile, il s'adresse en premier lieu aux chrétiens habitant Rome. Ceux-ci vivent des situations bien semblables à celle de Jésus à Jérusalem. L'histoire de Jésus devient un peu leur histoire.
- Comme lui, ils séjournent dans une capitale. Jésus est entré dans la capitale de Judée, Jérusalem. Eux habitent la capitale de l'Empire, Rome. Comme lui, ils sont confrontés aux autorités de la ville ou de l'Empire.
- Comme Jésus, ils sont persécutés. Le souvenir des persécutions terribles de Néron est encore vif dans leurs esprits et leurs cœurs.
- Comme Jésus, ils sont parfois obligés de se cacher. Chaque soir Jésus sort de la ville, où la foule le protège, pour aller chez des amis dans un village voisin, à Béthanie. Les chrétiens de Rome sont obligés de vivre et de pratiquer leur religion dans une semi-clandestinité.

LE TEXTE DE L'ÉVANGILE

¹ Quand ils s'approchent de Jérusalem, de Bethphagé et de Béthanie, près du Mont des Oliviers, Jésus envoie deux de ses disciples.

² Il leur dit : "Allez au village qui est devant vous. Aussitôt, en y entrant, vous trouverez un ânon attaché sur lequel aucun homme ne s'est encore assis. Détachez-le et amenez-le. ³ Et si quelqu'un dit : 'Pourquoi faites-vous cela ?' Dites : 'Le Seigneur en a besoin et il le renvoie ici aussitôt."

⁴ Ils s'en allèrent et trouvèrent un ânon attaché près d'une porte, dehors, au carrefour. ⁵ Et quelques-uns de ceux qui se tenaient là leur disaient : "Que faites-vous ? Vous détachez l'ânon !" ⁶ Mais ils leur dirent comme Jésus leur avait dit. Et on les laissa faire.

⁷ Ils amènent l'ânon à Jésus et ils mettent sur lui leurs manteaux. ⁸ Et beaucoup étendirent leurs manteaux sur le chemin, d'autres des branchages qu'ils avaient coupés dans les champs.

⁹ Ceux qui marchaient devant et ceux qui suivaient criaient : *"Hosanna ! Béni celui qui vient au nom de Seigneur !* ¹⁰ Béni le Royaume qui vient de notre père David. Hosanna au plus haut des cieux !"

¹¹ Et il entra à Jérusalem dans le Temple. Il observa tout autour de lui. Comme l'heure était déjà tardive, il sortit vers Béthanie avec les Douze.

Évangile selon saint Marc,
chapitre 11, versets 1 à 11.

POUR MIEUX COMPRENDRE CE TEXTE

1. Cherchez l'itinéraire suivi par Jésus. Relevez d'abord les noms de lieu dans le texte, puis cherchez-les sur le plan de Jérusalem, page 228.

2. Cherchez dans le lexique les mots suivants : Hosanna, âne, David, Temple, Jérusalem.

VIVRE
AUJOURD'HUI

Un seigneur différent

Ils se trompent, ceux qui pensent que Jésus est un Seigneur imposant avec fracas sa toute-puissance, venant pour trier les bons et les méchants, venant pour établir une loi terrible, punissant et rejetant les pécheurs, venant avec une balance pour peser le bien et le mal, venant avec un glaive pour mettre à genoux ceux qui ne le suivent pas. Le Seigneur Jésus vient, non pour écraser les êtres humains, mais pour les relever. Il ne vient pas pour jeter les pécheurs dans le feu, mais pour donner à chacun sa chance. Il ne vient pas comme un maître terrifiant, mais comme un ami tout proche. Il vient sans éclat, sans couronne et sans pierreries, comme un humble qui n'a que de l'amour à donner. Il ne vient pas pour gouverner, comme un roi, mais pour aimer comme un frère. Vraiment, Jésus est un Seigneur différent !

Acclamer

Il est facile d'acclamer le Seigneur avec des mots ou des chants ! La véritable acclamation se fait avec la vie tout entière. Comment ? Mais en faisant confiance au Seigneur, même dans les jours difficiles ; en cherchant auprès de lui les paroles qui font vivre ; en mettant en pratique son Évangile ; en le reconnaissant comme le Seigneur qui sauve ; en annonçant à sa suite que Dieu veut la joie des hommes. Si chaque chrétien, par ses paroles et ses actes, était une acclamation au Christ Jésus, quelle magnifique musique ce serait sur la terre !

Entrer

Si on laisse Jésus entrer chez soi, il faut s'attendre à des changements. Si on lui ouvre la porte, si on l'invite à entrer, tout se met à bouger dans notre vie. Avec lui entrent le pardon des offenses, l'accueil des méprisés, le partage avec les pauvres, la prière à Notre Père qui est aux cieux, l'humble service des frères. Avec lui entre l'Esprit de Dieu qui chasse de nous tout ce qui est desséché. Si vous tenez à ce que toute votre vie soit transformée, remise à neuf, alors laissez entrer le Seigneur Jésus !

Humblement

Quand on accueille Jésus dans sa vie, alors on se met à agir comme lui ! On ne joue pas au malin, on ne fait pas le tyran ni en classe ni à la maison ni au travail, ni en amitié ni dans les relations ! On ne se conduit pas comme un roi qui impose ses volontés à son entourage. Mais on agit humblement, car lorsqu'on aime comme Jésus, on pense que les autres sont aussi importants et royaux que nous !

VIENS

Viens, Seigneur, entre chez nous !
Viens, nous te faisons la place.
Viens, pousse la porte.

Viens chez nous,
pour que tous les vivants
voient de leurs yeux
le visage de Dieu.
Viens, pour que la mort
arrête de se moquer des vivants.
Viens, pour rester avec nous
qui perdons l'espoir
et qui avons peur des ténèbres.

Viens, pour que les pauvres
avancent jusqu'aux bonnes places.
Viens, pour que Ta Parole
chante en nos cœurs
l'infinie tendresse de Dieu.
Viens, pour éveiller en nous
la volonté de partager
avec ceux et celles qui ont faim.
Viens, pour que les faibles
puissent se relever
et pour que la haine
soit jetée au trou.

Viens ! Entre !
Notre vie t'est ouverte
comme une maison
au soleil du printemps.
Entre, c'est ouvert :
c'est toi notre Seigneur !

CHAPITRE 28

LES VENDEURS CHASSÉS DU TEMPLE

AU TEMPS DE JÉSUS

Au nord de Jérusalem, dominant la ville : le Temple. Il ne ressemble pas à nos églises. Il s'agit d'abord d'une vaste esplanade entourée de portiques. Au milieu de cette place s'élève le sanctuaire. Pour les Juifs du temps de Jésus c'est la "maison de Dieu."

Mais depuis un certain temps, cette place sacrée est devenue un grand marché bruyant et pas toujours honnête. Des vendeurs de bestiaux s'y sont installés. Ils proposent aux pèlerins les animaux pour les sacrifices : bœufs, moutons, chèvres, colombes. A côté d'eux, des banquiers ont monté leurs bureaux de change. En effet, des gens arrivent de nombreux pays et ne disposent pas d'argent juif nécessaire pour les achats et pour payer l'impôt du Temple.

Les chefs des prêtres sont d'accord avec cette situation. Ils en retirent aussi du profit. Enfin cette grande place est devenue un raccourci pour aller d'une partie de la ville dans l'autre. On y transporte n'importe quoi. Certains Juifs pieux se souviennent de la parole du prophète Jérémie : "Ma maison est-elle une caverne de brigands ?" (Jr 7, 11) ou de Zacharie : "Il viendra un temps où il n'y aura plus de marchands dans le Temple". (Za 14, 12)
Voyant cela, Jésus se fâche. Il fabrique un fouet. Il demande aux marchands de partir. Il bouscule les étals. Il chasse les animaux. Les chefs des prêtres bouillonnent de colère. La coupe est pleine. Ils veulent se débarrasser de ce gêneur qu'est Jésus.

AU TEMPS DES ÉVANGILES

Marc raconte l'action vigoureuse de Jésus au Temple à des gens qui habitent à Rome, bien loin de Jérusalem. Parmi eux certains étaient Juifs, d'autres étaient païens avant de devenir chrétiens.

Mais tous savaient qu'il était interdit à un non-juif (un païen) de pénétrer dans le Temple. Il y avait une barrière à ne pas franchir sous peine de mort.

Marc veut montrer à ses lecteurs que Jésus, en nettoyant le Temple des marchands, a aussi détruit cette barrière. C'est pourquoi il rappelle un texte du prophète Isaïe : "Cette maison sera appelée une maison de prière pour toutes les nations" (Is 56, 7) Toutes les nations, cela ne signifie pas seulement les

Juifs venus de partout, mais les Grecs, les Romains, les Africains, les Gaulois...

Marc dit ainsi à ses lecteurs : "Voyez, Jésus est venu ouvrir le Temple aux païens. Comme lui, nous avons ouvert notre groupe à des chrétiens venant de tous les horizons."

LE TEXTE DE L'ÉVANGILE

¹⁵ Jésus et ses disciples arrivent à Jérusalem. Etant entré dans le Temple, il se mit à chasser ceux qui vendaient et ceux qui achetaient dans le Temple et il renversa les tables des changeurs et les sièges des vendeurs de colombes.

¹⁶ Et il ne laissait personne transporter d'objets à travers le Temple.

¹⁷ Et il enseignait en leur disant : "N'est-il pas écrit : *Ma maison sera appelée une maison de prière pour toutes les nations ?* mais vous en avez fait une *caverne de bandits.*"

¹⁸ Et les grands prêtres et les scribes l'entendirent et ils cherchaient comment le faire périr. En effet, ils le craignaient, car toute la foule était ravie de son enseignement.

¹⁹ Et, le soir venu, ils sortirent de la ville.

Évangile selon saint Marc,
chapitre 11, versets 15 à 19.

POUR MIEUX COMPRENDRE CE TEXTE

1. Notez sur deux colonnes :
- des mots qui montrent ce qu'est devenu le Temple.
- Des mots qui montrent ce qu'il doit être.

2. Essayez de retrouver des paroles d'anciens prophètes dans ce texte (Isaïe et Jérémie).

3. Notez sur trois colonnes :
- Ceux qui sont pour Jésus.
- Ceux qui sont contre Jésus.
- Ceux dont on ne connaît pas la position.

VIVRE
AUJOURD'HUI

CHAPITRE 28
LES VENDEURS
CHASSÉS DU TEMPLE

SACRIFICES

On ne marchande pas avec Dieu ! On ne peut pas payer Dieu afin qu'il accorde ses faveurs. Certains, au temps de Jésus comme aujourd'hui encore, pensent que pour être en bons termes avec Dieu, il faut lui offrir des sacrifices coûteux, réaliser des actes difficiles, faire des renoncements douloureux. Peut-être agissent-ils ainsi parce qu'ils ont peur de Dieu. Peut-être le considèrent-ils comme quelqu'un dont il faut se méfier et qu'il vaut mieux avoir de "son côté". Aime-t-on Dieu en marchandant avec lui, comme si on voulait l'acheter ? On peut faire des sacrifices sans y mettre son cœur : des sacrifices vides d'amour ! Or Dieu est un Père plein d'amour et tout ce qu'il attend, c'est l'amour de ses enfants ! L'amour n'a rien à voir avec le calcul du marchandage ! Pour Dieu, une seule chose importe : à travers nos actes et nos paroles, l'aimer de toutes nos forces et aimer notre prochain comme nous-mêmes.

UNE MAISON DE PRIÈRE

A l'église, les chrétiens se réunissent pour prier et louer Dieu. C'est la maison où l'Évangile de Jésus-Christ est proclamé en public, officiellement, comme un message appelant à changer de vie. C'est là qu'au cours de l'Eucharistie, Jésus-Christ, réellement présent au milieu des siens, offre son corps et son sang pour la vie du monde. C'est là qu'à tous les moments de leur existence, de leur naissance à leur mort, les chrétiens se réunissent pour dire : "Vraiment Seigneur, c'est toi notre espoir. C'est toi qui nous fais vivre !"

UNE MAISON OUVERTE

Les amis de Jésus, ceux qui choisissent de vivre avec son Évangile, forment la communauté des chrétiens : l'Église. Cette Église n'est plus seulement une maison : c'est un peuple ! Tout le monde y est invité. Pour tout le monde une place est préparée, les grands et les petits, toutes les couleurs de peau, les pécheurs, les saints, les purs et les indignes, les riches et les pauvres : tous sont les bienvenus. Personne n'est rejeté. Aucune barrière pour séparer. Pour ce peuple, un seul souci : être au service de Dieu et des hommes. Une seule volonté : communiquer à tous la joie de Dieu. Un seul travail : apprendre à la terre le partage, à l'image de Jésus-Christ.

TA GRANDE MAISON

Ta grande maison
est accueillante, Seigneur.
Elle est bâtie
pour que chaque enfant de la terre
s'y sente heureux
comme dans la maison de son Père.

Ta grande maison
est silencieuse, Seigneur,
car il faut s'éloigner du bruit
pour entendre au fond du cœur
la musique de ta présence.

Ta grande maison
est lumineuse, Seigneur,
avec les bougies en flammes
et ses soleils de vitraux
qui, devant nos yeux,
font danser ta clarté
plus forte que toute ténèbre.

Ta grande maison
est bourdonnante, Seigneur,
comme une demeure en fête :
c'est ton peuple en prière
qui fait monter vers toi
les chants et les cris et les soucis
des habitants de la terre.

Nous voici dans ta grande maison
pour goûter, Seigneur,
la joie de ton grand amour !

CHAPITRE 29
LA PARABOLE
DES TALENTS

AU TEMPS DE JÉSUS

Dans son enseignement, Jésus utilise souvent l'image du serviteur. Ce mot peut désigner l'esclave. Mais il désigne souvent le serviteur qui a reçu une charge importante de son maître. Un homme qui a la confiance de son maître. Ces serviteurs sont parfois fidèles, travailleurs, éveillés ; parfois infidèles, paresseux, endormis.

Dans la Bible, on regarde les chefs du peuple (les Juges, les Prophètes et les Rois), comme des serviteurs de Dieu. Quand Jésus parle de serviteurs, ses auditeurs pensent aux chefs actuels de leur peuple. Ils sont chargés par Dieu d'aider les hommes à entrer dans le Royaume. Il s'agit des grands prêtres, des scribes et des pharisiens.

Mais ces chefs religieux sont de mauvais serviteurs. Les grands prêtres sont riches et soumis à Rome. Les scribes expliquent mal la Parole de Dieu. Les pharisiens ne pensent qu'à observer la Loi et sont loin du petit peuple.

Jésus leur fait savoir qu'un jour va venir où il faudra rendre des comptes. Alors le maître, Dieu, se débarrassera des mauvais serviteurs.

AU TEMPS DES ÉVANGILES

Matthieu et les autres évangélistes reprennent ces paraboles de Jésus sur les serviteurs. Ils les appliquent à la situation des premiers chrétiens. Beaucoup de choses ont changé.

Jésus n'est plus avec eux. Ils ont compris que Jésus est Dieu. Ils s'adressent à lui comme "Seigneur". Il est pour eux le maître, le Seigneur des serviteurs de Dieu.

Les grands prêtres n'existent plus. Les pharisiens et les scribes n'ont plus d'influence dans les premières communautés. Ce sont eux, les chrétiens, qui ont reçu de Jésus un trésor à faire fructifier. Ce sont eux maintenant qui doivent ouvrir aux hommes le chemin du Royaume. Ils en ont les clés.

Ils attendent le retour du Seigneur. Mais ils ne savent ni le jour ni l'heure. Le temps se fait long. C'est comme un maître qui est parti en voyage très longtemps et qui charge ses serviteurs de faire fructifier ses biens. Il est important de ne pas s'endormir, de ne pas avoir peur et de travailler avec audace.

Mais parmi eux, il y en a qui sont plus ou moins doués. Certains ont plus de capacités, d'autres en ont moins. Certains sont plus dynamiques, d'autres le sont moins. Cela ne dépend pas toujours d'eux. Ce qui compte, c'est d'utiliser toutes ses capacités, tout son dynamisme.

Car ils savent qu'un jour viendra où il faudra rendre compte. Alors les uns se réjouiront avec le Seigneur de l'œuvre réalisée. Les autres seront seuls, tristes, enfermés dans leur tristesse.

LE TEXTE DE
L'ÉVANGILE

Le Royaume des Cieux, [14] c'est comme un homme qui, sur le point de partir en voyage, appela ses serviteurs et leur confia ses biens. [15] A l'un il donna cinq talents, à un autre deux, à un autre un, à chacun selon son propre dynamisme. Et il partit pour l'étranger.

[16] Aussitôt, celui qui a reçu les cinq talents alla travailler avec eux et en gagna cinq autres. [17] De même, celui des deux en gagna deux autres. [18] Mais celui qui avait reçu un talent s'en alla, creusa la terre et cacha l'argent de son Seigneur.

[19] Longtemps après, le Seigneur de ses serviteurs revient et il règle ses comptes avec eux.

²⁰ Celui qui avait reçu cinq talents s'avança. Il apporta cinq autres talents en disant : "Seigneur, tu m'as confié cinq talents. Voici cinq autres talents que j'ai gagnés." ²¹ Le Seigneur lui dit :"C'est bien, serviteur bon et fidèle. Sur peu tu as été fidèle. Sur beaucoup je t'établirai. Entre dans la joie de ton Seigneur."

²² Celui des deux talents s'avança aussi. Il dit : "Seigneur, tu m'as confié deux talents. Voici deux autres talents que j'ai gagnés." ²³ Le Seigneur lui dit : "C'est bien, serviteur bon et fidèle. Sur peu tu as été fidèle. Sur beaucoup je t'établirai. Entre dans la joie de ton Seigneur."

²⁴ Celui qui avait perçu un talent s'avança aussi et dit : "Seigneur, je savais que tu es un homme dur qui moissonne où tu n'as pas semé et qui ramasse d'où tu n'as rien répandu. ²⁵ Aussi, pris de peur, je suis allé cacher ton talent dans la terre. Le voici. Tu as ton bien."

²⁶ Répondant, le Seigneur lui dit : "Mauvais serviteur ! Paresseux ! Tu savais que je moissonne où je n'ai pas semé et que je ramasse d'où je n'ai pas répandu. ²⁷ Il fallait donc que tu mettes ton argent chez les banquiers et à mon retour, j'aurais récupéré mon bien avec l'intérêt. ²⁸ Enlevez-lui donc le talent et donnez-le à celui qui a les dix talents."

*Évangile selon saint Matthieu,
<u>chapitre 25, versets 14 à 28.</u>*

POUR MIEUX COMPRENDRE CE TEXTE

1. Recherchez le mot "Seigneur".
Qui désignait ce mot
dans la bouche de Jésus ?
Qui désigne-t-il dans l'Évangile ?

2. Un talent représente
une grosse somme : 42,533 kilos.
Environ 6000 francs or.
Combien représenteraient aujourd'hui
2 ou 5 talents ?

3. Au verset 15, il est dit que le Seigneur
donne à chacun "selon son propre
dynamisme". On aurait aussi pu
traduire "selon ses propres capacités".
Quelle traduction préférez-vous ?
Pourquoi ?

CHAPITRE 29
LA PARABOLE DES TALENTS

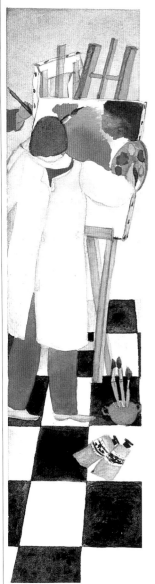

Capacités

Chacun dispose d'un véritable trésor : ce qu'il est ! Dans ce trésor, chacun peut puiser pour entreprendre de façon unique des actions que lui seul peut réaliser. Chacun est capable de penser, de se retirer en lui-même pour réfléchir, et de laisser son esprit creuser les questions et imaginer des solutions. Chacun est capable d'admirer la lumière d'un visage, de se laisser transporter par la variété des couleurs ou la mélodie des sons, ou l'immensité des galaxies. Chacun est capable d'inventer du rire ou de quoi rendre l'existence plus agréable pour les autres et pour soi. Chacun est capable de choisir le bien ou le mal et de se décider pour la route à suivre. Chacun est capable de créer du neuf et du beau. Chacun est capable de se tourner vers Dieu et de le chercher de tout son cœur. Chacun est capable d'aimer : de tendre la main pour pardonner, de trouver le bonheur en offrant et en recevant de l'amour, de répandre de la joie par sa présence... Chacun dispose d'un merveilleux trésor de capacités. C'est le dynamisme propre à chacun. Ce trésor vient de Dieu qui nous a créés à son image.

Développer

À quoi servirait ce dynamisme s'il ne nous mettait pas en mouvement ? À quoi serviraient ces étonnantes richesses si elles n'étaient pas utilisées ? Quel gaspillage ! Comme si on disait à Dieu : "Ce trésor ne m'intéresse pas, je veux autre chose !" Dieu met sa confiance en nous puisqu'il nous confie ce merveilleux trésor ! Afin de répondre à sa confiance et lui être fidèles, il nous revient de développer ces capacités, de les travailler comme on travaille avec soin un jardin afin qu'il produise des fruits et des fleurs épanouis en abondance. Quelle responsabilité : utiliser ces capacités et ce dynamisme pour se mettre à créer avec Dieu ou laisser rouiller les dons que Dieu nous a faits !

Servir

Avec ses capacités, chacun accomplira sa vie et en fera une œuvre splendide pour soi et pour les autres : c'est la mission que Dieu nous donne. Il s'agit d'épanouir ses capacités et de les mettre au service des autres ! C'est le "service" que Dieu nous demande. Un serviteur fidèle de Dieu utilise ses capacités pour créer avec Dieu une terre fraternelle où chacun se sent aimé. Un monde à l'image et à la ressemblance de Dieu !

CORBEILLE

Elle est pleine, ma corbeille,
d'amour à distribuer
et de joie à multiplier
et de vive imagination
et de rêves à réaliser
et de mots qui chantent
et de sourires à fleurir
et de poèmes à écrire
et d'idées toutes neuves !

Merci, Seigneur
pour la pleine corbeille
que tu m'as donnée.

Vois, seigneur,
ma corbeille débordante,
je la saisis à pleine vie
et sans attendre je pars
pour répandre sans compter
ce que tu m'as confié.

Vois, Seigneur :
dans ma pleine corbeille,
on puise tout
ce que tu y as déposé, toi,
et aussi, tout ce que moi
j'y ai ajouté.
Tout sera servi à profusion
pour la joie de la terre.

AU TEMPS DE JÉSUS

AU TEMPS DES ÉVANGILES

La vie n'est pas toujours rose. En Palestine certains arrivent à ramasser de l'argent, à profiter de la vie, à vivre dans le luxe. D'autres, au contraire, se demandent chaque matin : "Que vais-je manger aujourd'hui ? Avec quel manteau vais-je me couvrir ce soir ?" Beaucoup de petits paysans sont écrasés par les dettes et les impôts. Beaucoup de malades ne peuvent pas se soigner. Ils restent chez eux, isolés. Les étrangers de passage sont perdus dans un pays qui n'est pas le leur. Et que deviennent les veuves et les orphelins ?

Face à ces situations de misère, trois attitudes sont possibles.
- Ou bien on se dit que les Romains en sont responsables. C'est vrai en partie. Alors on fomente une révolte contre Rome. Elles échouent toujours. Rome est trop forte.
- Ou bien on ne fait rien. On attend que Dieu intervienne du haut du ciel pour rétablir la justice. Beaucoup espèrent que ce jour ne tardera pas et que les bons seront récompensés et les méchants punis.
- Ou bien on essaye de soulager la misère, comme on peut, là où on peut. Au temps de Jésus, on appelle cela "pratiquer les bonnes oeuvres", c'est-à-dire : nourrir les affamés, vêtir les nus, exercer l'hospitalité, visiter les malades, enterrer les morts, éduquer les orphelins.

Que fait Jésus ?
- Il refuse de s'engager dans une révolte contre Rome. Il n'est pas venu pour cela.
- Il parle d'un Fils de l'homme. Il s'agit d'un personnage mystérieux que -selon la vision du prophète Daniel - beaucoup de gens attendent. Il viendrait dans la gloire, sur les nuées du ciel. Il jugera tous les êtres humains et rétablira la justice.
- Il aide concrètement ceux qui sont dans le besoin. Il se fait le serviteur des petits, des malades, des étrangers, des enfants, des veuves et des affamés.

Matthieu est le seul évangéliste à brosser un tableau du jugement dernier. Dans l'Évangile de Matthieu c'est le dernier grand discours de Jésus avant sa passion. Matthieu - dont l'Évangile est écrit autour des années 80 - essaye de répondre à un certain nombre de questions de ses lecteurs :

1. Beaucoup d'entre eux sont d'origine juive. Ils attendent un jugement en faveur des pauvres de leur peuple. Matthieu leur montre que "toutes les nations" sont convoquées à ce jugement. Il n'y a plus de distinction.

2. Certains se contentent de prier. Ils crient : "Seigneur, Seigneur !" Mais ils ne font rien pour aider les autres. Matthieu leur dit : "Pratiquez les bonnes œuvres, comme cela se fait dans le judaïsme." Mais il ajoute une autre œuvre dans la liste : la visite des prisonniers. C'est plus dangereux. Mais il faut aller jusque là.

3. D'autres rêvent et regardent l'avenir. Ils attendent le retour de Jésus. Tous savent maintenant que ce Fils de l'homme qui viendra juger l'Humanité, c'est Jésus lui-même. Matthieu leur dit : "Arrêtez de rêver ! C'est aujourd'hui que votre frère a besoin de vous !"

4. Certains se demandent : "Où peut-on trouver le Seigneur ?" Matthieu leur rappelle cette phrase de Jésus : "Ce que vous faites au plus petit des miens, c'est à moi que vous le faites !" Vous pouvez trouver Jésus aujourd'hui dans le service de vos frères.

LE TEXTE
DE L'ÉVANGILE

³¹ Quand le *Fils de l'homme viendra* dans sa Gloire et *tous les anges* avec lui, alors il siégera sur le trône de sa Gloire. ³² Et devant lui seront rassemblées toutes les nations de la terre. Et il séparera les uns des autres, comme le berger sépare les brebis d'avec les boucs. ³³ Il placera les brebis à droite et les boucs à gauche.

³⁴ Alors le Roi dira à ceux de sa droite : "Venez les bénis de mon Père, recevez en partage le Royaume préparé pour vous dès la fondation du monde. ³⁵ Car j'ai eu faim et vous m'avez donné à manger. J'ai eu soif et vous m'avez donné à boire. J'étais un étranger et vous m'avez accueilli. ³⁶ Nu, et vous m'avez vêtu. J'étais malade et vous m'avez visité. J'étais en prison et vous êtes venus vers moi."

³⁷ Alors les justes lui répondront. Ils diront : "Seigneur, quand t'avons-nous vus affamé et t'avons-nous nourri, ou as-

soiffé et t'avons-nous donné à boire ? ³⁸ Quand t'avons-nous vu étranger et t'avons-nous accueilli, ou nu et t'avons-nous vêtu ? ³⁹ Quand t'avons-nous vu malade ou en prison et sommes-nous venus vers toi ?"

⁴⁰ Alors le Roi répondra. Il leur dira : "En vérité je vous le dis, chaque fois que vous l'avez fait à l'un des plus petits de mes frères que voilà, c'est à moi que vous l'avez fait."

⁴¹ Alors il dira à ceux de sa gauche : "Allez loin de moi, maudits, dans le feu éternel, préparé pour le diable et ses anges. ⁴² Car j'ai eu faim et vous ne m'avez pas donné à manger. J'ai eu soif et vous ne m'avez pas donné à boire. ⁴³ J'étais un étranger et vous ne m'avez pas accueilli, nu et vous ne m'avez pas vêtu, malade et en prison et vous ne m'avez pas visité."

⁴⁴ Alors eux aussi répondront. Ils lui diront : "Seigneur, quand t'avons-nous vu affamé ou assoiffé, ou étranger, ou nu, ou malade, ou en prison et ne t'avons-nous pas servi ?" ⁴⁵ Alors il leur répondra. Il dira : "En vérité, je vous le dis, chaque fois que vous ne l'avez pas fait à l'un des plus petits de mes frères que voilà, c'est à moi que vous ne l'avez pas fait."

⁴⁶ Et ils s'en iront, ceux-ci à *une peine éternelle* mais les justes à *une vie éternelle.*

Évangile selon saint Matthieu,
chapitre 25, versets 31 à 46.

POUR MIEUX COMPRENDRE CE TEXTE

1. Cherchez tous les mots qui parlent d'une situation de misère.

2. Cherchez tous les titres donnés au "Fils de l'homme".

3. Quelle est la phrase qui vous semble la plus importante, la phrase-clé, de ce texte ?

4. Cherchez dans le lexique le sens des mots suivants : Fils de l'homme, Gloire, ange, diable, en vérité.

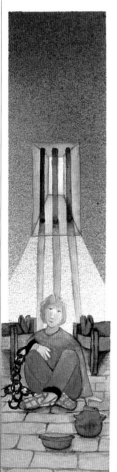

LES VISAGES DU CHRIST

Où donc est-il possible de voir le visage du Seigneur Jésus ? Sur les visages des vivants ! C'est là qu'il faut chercher les traits de son visage ! C'est dans leur vie qu'il faut trouver les traces de sa présence. Et tout d'abord, sur les visages et dans la vie de ceux dont l'existence est malmenée et douloureuse, qui n'ont pas leur part de bonheur : les peuples qui ont faim ; ceux qui ne sont pas payés d'un juste salaire ; ceux qui n'ont pas de travail ; ceux qui croupissent dans la misère en plein cœur des villes ; ceux qui sont parqués dans des camps ; ceux qui sont obligés de mendier ; ceux qui sont obligés de se taire pour ne pas perdre leur place ; ceux qui sont couchés sur leur lit de souffrance ; ceux qui vivent dans la rue ; ceux qui cherchent la nourriture dans les poubelles ; ceux qu'on a emprisonnés et à qui personne ne veut parler ; ceux qu'on poursuit à cause de leur race ou de leur religion ; ceux qu'on délaisse dans la solitude parce qu'ils sont vieux ; ceux dont on se moque parce que leur corps est difforme ; ceux qui n'ont jamais de chance... Ils sont les nombreux petits à désirer vivre comme des êtres humains. Ils sont partout, à supplier, ces visages du Christ !

VOIR

On trouve le Christ dans la prière, dans les célébrations qui regroupent les chrétiens, dans la réflexion sur l'Évangile ! Mais pour le voir, il n'y a qu'à ouvrir les yeux et le cœur sur les visages de chaque jour. Ce sont là les lieux quotidiens où il est possible de le rencontrer. Voir le Christ dans tous ces visages de "petits" défigurés par la vie, oblige à se poser les questions : "Mais comment se fait-il que des peuples entiers n'aient rien et que d'autres aient tout ? Comment est-il possible qu'on laisse mourir de faim tant de gens alors que d'autres gaspillent ? Pourquoi les étrangers sont-ils rejetés ? D'où vient que certains sont traités comme des êtres malfaisants ? Comment se fait-il que... ?"

SERVIR LE CHRIST

Pour servir le Christ, y a-t-il un autre chemin que servir les hommes ? Pour aimer le Christ, y a-t-il un autre chemin qu'aimer les vivants, lutter contre tout ce qui dégrade la vie et les hommes, diminuer la souffrance du monde ? Quand on croit au Christ, on ne tolère pas que les visages des hommes et des femmes soient défigurés : on travaille avec tous ceux qui tentent de changer le monde. Agir pour la justice, pour une répartition du bonheur, c'est aussi montrer sa fidélité au Christ.

OUVRE

Ouvre mes yeux, Seigneur,
afin que je te voie
au bord de la rue
tendre la main
dans tes habits souillés,
afin que je te voie
pleurant de détresse
parce qu'on t'a traité
de sale immigré,
afin que je te voie
dans ton pays de famine
supplier pour qu'on vienne
t'aider à semer et à construire.

Ouvre mes lèvres, Seigneur,
afin que je crie enfin
"Ça suffit ! Venez les amis,
il faut relever notre Christ,
il faut mettre debout
nos frères et nos sœurs !"

Ouvre mes mains, Seigneur,
afin que, sans attendre,
nous commencions à préparer la terre
où chaque vivant reçoit
sa part de pain et de dignité
lui permettant de s'écrier :
"Qu'il fait bon être un vivant
sur la terre humaine !"

CHAPITRE 31

LE DERNIER REPAS

AU TEMPS DE JÉSUS

La Pâque est une grande fête juive. On se souvient de la libération de l'esclavage du peuple en Égypte avec Moïse. De nombreux pèlerins affluent à Jérusalem. Pendant une semaine, on mange du pain sans levain.

Cette pratique rappelle le départ précipité des Hébreux hors d'Égypte. Ils n'avaient pas le temps d'attendre que la pâte lève. On immole aussi un agneau : l'agneau pascal. Il est mangé au cours d'un repas-souvenir. Le sang de cet agneau rappelle l'Alliance de Dieu avec son peuple.

Jésus arrive à Jérusalem pour la Pâque avec ses apôtres. Depuis longtemps, il désire manger avec eux le repas pascal. Un ami lui prête sa maison. Les apôtres préparent l'agneau, le pain, les herbes amères et le vin. Les voici réunis en ce soir du 14 nizan (le 6 avril 30). Judas, le traître, est également présent.

À la fin du repas, Jésus partage le pain et les invite tous à boire à la coupe. Il prononce des paroles étonnantes : par ce pain et ce vin, il sera toujours présent avec ses amis ! Le repas s'achève par le chant des Psaumes. Ils sortent ensuite de la maison et descendent vers un jardin situé au pied du mont des Oliviers. C'est leur dernier repas avec Jésus. Ils ne l'oublieront jamais.

AU TEMPS DES ÉVANGILES

Après la mort et la résurrection de Jésus, les apôtres, ses disciples, les premiers chrétiens se réunissent souvent. Ils se souviennent du dernier repas de Jésus. Ils prennent du pain et du vin : ils refont les gestes et redisent les paroles du Maître. Ils rendent grâce à Dieu, comme Jésus. C'est pour cela que plus tard on appellera ces réunions "Eucharistie", ce qui signifie action de grâce.

Ils savent aussi que ce dernier repas de Jésus a précédé de quelques heures son arrestation et son exécution sur une croix. Le vin, le sang de Jésus répandu pour beaucoup, remplace le sang de l'agneau pascal : il est le sang de l'Alliance nouvelle ! Les chrétiens n'immoleront plus d'animaux pour la Pâque.

Quand Matthieu raconte le dernier repas de Jésus dans son Évangile, il indique aux premiers chrétiens que leurs assemblées sont la continuation et la reprise de ce que Jésus a fait avant de mourir. Il est toujours avec eux. Chaque fois qu'ils se réunissent pour manger ce pain et boire à cette coupe, ils "annoncent la mort du Seigneur jusqu'à ce qu'il vienne" (1 Cor 11, 26).

LE TEXTE DE L'ÉVANGILE

¹⁷ Or le premier jour des azymes (pains sans levain), les disciples s'approchèrent de Jésus en disant : "Où veux-tu que nous te préparions le repas de la Pâque ?"

¹⁸ Il leur dit : "Allez dans la ville, chez un tel, et dites-lui : 'Le maître dit : Mon temps est proche. C'est chez toi que je vais faire la Pâque avec mes disciples." ¹⁹ Et les disciples firent comme Jésus leur avait ordonné. Ils préparèrent la Pâque.

²⁰ Le soir venu, Jésus se mit à table avec les Douze. ²¹ Tandis qu'ils mangeaient, il dit : "En vérité, je vous le dis, l'un de vous va me trahir…" ²⁶ Or, tandis qu'ils mangeaient, Jésus ayant pris du pain et prononcé la bénédiction, le rompit et le donna aux disciples en disant : "Prenez ! Mangez ! Ceci est mon corps."

²⁷ Et, ayant pris la coupe et rendu grâce, il la leur donna en disant : "Buvez-en tous ! ²⁸ Car ceci est mon sang. Le sang de l'Alliance qui va être répandu pour beaucoup en rémission des péchés. ²⁹ Je vous le dis, je ne boirai plus désormais de ce produit de la vigne jusqu'au jour où je boirai le vin nouveau avec vous dans le Royaume de mon Père."

³⁰ Et après avoir chanté les Psaumes, ils sortirent pour aller vers le Mont des Oliviers.

Évangile selon saint Matthieu,
chapitre 26, versets 17 à 21 et 26 à 30.

POUR MIEUX COMPRENDRE CE TEXTE

1. Recherchez dans ce texte les paroles que vous entendez à chaque Messe ou Eucharistie.

2. Regardez sur le plan de Jérusalem page 228 où sont situés la maison du repas et le jardin des Oliviers.

3. Cherchez dans le lexique les mots : Alliance, Azymes, Douze, Pâques, Psaume, Royaume.

4. Les chrétiens se souviennent de façon précise du dernier repas de Jésus le Jeudi saint. Cherchez cette date sur le calendrier. C'est le jeudi avant Pâques.

5. Relisez le chapitre de ce livre qui parle de la "multiplication des pains" pages 111 à 115.

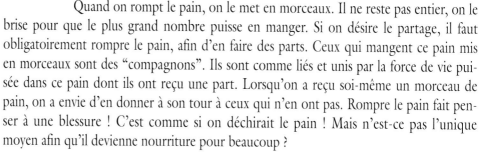
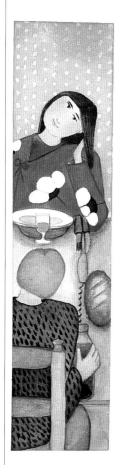

Rompre

Quand on rompt le pain, on le met en morceaux. Il ne reste pas entier, on le brise pour que le plus grand nombre puisse en manger. Si on désire le partage, il faut obligatoirement rompre le pain, afin d'en faire des parts. Ceux qui mangent ce pain mis en morceaux sont des "compagnons". Ils sont comme liés et unis par la force de vie puisée dans ce pain dont ils ont reçu une part. Lorsqu'on a reçu soi-même un morceau de pain, on a envie d'en donner à son tour à ceux qui n'en ont pas. Rompre le pain fait penser à une blessure ! C'est comme si on déchirait le pain ! Mais n'est-ce pas l'unique moyen afin qu'il devienne nourriture pour beaucoup ?

Jésus a choisi d'être comme du pain rompu ! D'être blessé afin de révéler et partager son immense amour. D'être déchiré afin d'offrir sa vie à tous. On peut rompre sa vie, la blesser et la déchirer pour les autres : on le fait par amour afin d'augmenter le bonheur des autres.

Verser

Quand on verse le vin, on le distribue à tous ceux et celles qui tendent leur verre ! C'est comme si on versait de la fête et de la joie. Car le vin porte en lui les lumières du soleil et les saveurs de la terre. Verser le vin, c'est désirer la fête pour tous les convives : comme si on voulait ôter la tristesse de leur cœur, leur offrir du courage pour vivre et les inviter à distribuer, à leur tour, de la fête au monde entier !

Jésus a choisi d'être comme du vin versé, afin de révéler et d'offrir la joie de Dieu au monde. Il a versé sa parole, ses actes, sa vie entière et sa mort pour ouvrir aux humains la fête de Dieu. Est-il possible de verser sa vie comme un vin de joie, sans d'abord être foulé, pressé, écrasé, tout pareil au raisin ?

La Messe

Pour un ami de Jésus, impossible de se passer de la Messe ! Est-il possible de se passer de nourriture et de boisson ? Est-il possible de se passer de l'amour et de la joie de Dieu ?

À la Messe, les chrétiens font mémoire de Jésus : ils prennent conscience qu'il est réellement présent aujourd'hui au milieu d'eux. Sa mort et sa résurrection sont leur espérance aujourd'hui : Jésus le Christ est la lumière de leur vie, aller à la Messe aujourd'hui, c'est entrer dans la vie de Jésus. C'est prendre avec lui la difficile route où l'on accepte d'être rompu et versé pour la joie du monde. À la Messe, on puise la force d'être "chrétien" : un autre christ !

MERCI

*Pour le pain
offrant la vie sans fin
et donnant la faim d'aimer
Dieu de toutes ses forces
et son prochain comme soi-même,
pour ton corps livré :
merci, notre Seigneur !*

*Pour le vin
offrant la joie sans fin
et donnant la soif
de répandre le bonheur
pour tous ses frères
et ses sœurs,
pour ton sang versé :
merci, notre Seigneur !*

*Pour l'Eucharistie
chantant tes merveilles,
pour toi, Christ Jésus
venu entraîner dans la fête
tous les enfants de la terre,
pour toi, Christ Jésus
restant avec nous à jamais :
merci !*

GETHSÉMANI

AU TEMPS DE JÉSUS

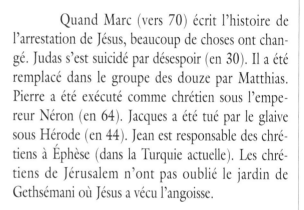

AU TEMPS DES ÉVANGILES

Judas, un des douze apôtres, n'est pas content. Il aurait aimé que Jésus prenne la tête d'un mouvement de révolte et fonde un nouveau royaume. Il veut être plus efficace. Un jour il change de camp. Il fait un marché avec les chefs des prêtres que Jésus dérange. On lui paie 30 pièces d'argent pour livrer Jésus. C'est le prix d'un esclave, le salaire de 30 journées de travail.

Pendant le dernier repas de Jésus, Judas se renseigne sur le lieu où ils vont se rendre ensuite. Puis il s'éclipse discrètement pour chercher chez les chefs des prêtres la troupe qui doit s'emparer de Jésus. Comme ils ne le connaissent pas et que c'est la nuit, ils conviennent d'un signe. Judas salue Jésus par un baiser. C'est la manière habituelle de saluer.

Après le repas, les onze apôtres et Jésus se rendent dans un jardin avec des oliviers et un pressoir, au pied de la montagne : Gethsémani. Jésus est lucide. Il comprend ce qui se trame contre lui. Il sait que l'heure fatale est proche. Il a besoin de l'appui de ses amis Pierre, Jacques et Jean. Mais ceux-ci sont accablés de sommeil.

Jésus est triste. Il a peur. L'angoisse le saisit. Il s'adresse à son Père : il voudrait échapper à ce qui l'attend. Mais il accepte. Jésus est seul : ses apôtres dorment. Le traître arrive. Le baiser de l'amitié devient le baiser de la trahison. Jésus est fait prisonnier. Il le restera jusqu'à sa mort.

Quand Marc (vers 70) écrit l'histoire de l'arrestation de Jésus, beaucoup de choses ont changé. Judas s'est suicidé par désespoir (en 30). Il a été remplacé dans le groupe des douze par Matthias. Pierre a été exécuté comme chrétien sous l'empereur Néron (en 64). Jacques a été tué par le glaive sous Hérode (en 44). Jean est responsable des chrétiens à Éphèse (dans la Turquie actuelle). Les chrétiens de Jérusalem n'ont pas oublié le jardin de Gethsémani où Jésus a vécu l'angoisse.

En lisant l'Évangile, les chrétiens peuvent comprendre que même les meilleurs apôtres ont eu des moments de faiblesse. Pierre, Jacques et Jean étaient déjà ensemble sur la montagne de la Transfiguration. Ils n'avaient pas bien compris ce que voulait Jésus. Les voici au jardin de Gethsémani. Ils dorment. C'est pourtant eux qui vont continuer ensuite jusqu'à donner leur vie. Marc veut montrer que, même avec des débuts difficiles, après la Résurrection de Jésus, tout est possible.

Marc écrit que Jésus s'adresse à Dieu avec un mot étrange. C'est la seule fois que l'Évangile l'emploie : "Abba". Cela veut dire : "papa". Jésus s'adresse à Dieu comme un fils parle à son père. Les chrétiens comprendront ainsi mieux que Jésus est le Fils de Dieu. Bien plus, ils seront invités eux-mêmes à prier avec ce mot : "Nous aussi nous pouvons crier 'Abba, Père' grâce à l'Esprit que nous avons reçu." (Romains 8, 15)

GETHSÉMANI

LE TEXTE DE L'ÉVANGILE

³² Et ils vinrent au domaine appelé Gethsémani. Et Jésus dit à ses disciples : "Asseyez-vous ici pendant que je vais prier. ³³ Il prend avec lui Pierre, Jacques et Jean et il commença à ressentir effroi et angoisse. ³⁴ Il leur dit : "Mon âme est triste à mourir. Restez ici et veillez !"

³⁵ Et, étant allé un peu plus loin, il tombait à terre et priait pour que, si possible, cette heure passe loin de lui. ³⁶ Et il disait : "Abba, Père ! Pour toi tout est possible. Ecarte de moi cette coupe. Cependant pas ce que je veux, mais ce que tu veux !"

³⁷ Et il vient. Et il les trouve endormis. Et il dit à Pierre : "Simon, tu dors ! Tu n'as pas pu veiller une heure ! ³⁸ Veillez et

priez pour ne pas entrer en tentation car l'esprit est ardent, mais la chair est faible."

³⁹ Et de nouveau, étant allé un peu plus loin, il pria en disant les mêmes paroles. ⁴⁰ Et de nouveau, étant revenu, il les trouva endormis. Leurs yeux étaient appesantis. Et ils ne savaient que lui répondre.

⁴¹ Pour la troisième fois, Jésus revient et leur dit : "Maintenant, vous pouvez dormir et vous reposer ! C'en est fait ! L'heure est venue ! Voici que le Fils de l'Homme va être livré aux mains des pécheurs. ⁴² Levez-vous ! Allons, voici, celui qui me livre est tout proche."

⁴³ Et aussitôt, tandis qu'il parlait encore, survient Judas, l'un des Douze. Il y avait avec lui une foule avec des glaives et des bâtons venant de la part des grands prêtres, des scribes et des anciens. ⁴⁴ Celui qui le livrait avait convenu avec eux d'un signe en disant : "Celui que j'embrasserai, c'est lui. Arrêtez-le et emmenez-le sous bonne garde."

⁴⁵ Et aussitôt arrivé, il s'avança vers Jésus. Il dit : "Rabbi !" (Maître) et il l'embrassa.

⁴⁶ Quand à eux, ils mirent la main sur Jésus et l'arrêtèrent.

*Évangile selon saint Marc,
chapitre 14, versets 32 à 46.*

POUR MIEUX COMPRENDRE CE TEXTE

1. Cherchez quels sont les groupes qui en veulent à Jésus.

2. Cherchez tous les mots qui signifient la peur, l'angoisse.

3. Relisez les phrases que dit Jésus. Choisissez celle qui vous "parle" le plus.

4. Regardez l'attitude de Pierre, Jacques et Jean dans le texte de la Transfiguration, page 122 à 123.

VIVRE
AUJOURD'HUI

Seul

On pense avoir des amis sur qui on peut compter ou une famille qui apporte son soutien. Or, voici qu'ils sont absents quand on a un besoin urgent de leur présence : ils n'ont pas le temps, ou ils sont occupés, ou ils disent qu'il vaut mieux se débrouiller chacun pour soi-même ! Alors on se retrouve seul. Comme isolé dans la nuit. Seul face à ceux qui détruisent notre réputation : personne pour me défendre. Seul sur le lit d'hôpital : personne pour me visiter. Seul dans la vieillesse : personne pour m'offrir de la tendresse. Seul dans le deuil et dans la tristesse : personne pour me consoler. Seul face à de graves décisions : personne pour m'éclairer. Seul dans le découragement : personne pour me relever. Seul dans l'injustice : personne pour lutter avec moi.... Abandonné. Comment résister seul, alors qu'on a l'impression que les amis dorment et nous délaissent sous d'écrasants fardeaux ? C'est comme si la mort nous enfermait dans son filet de ténèbres. Jésus a connu la solitude. Comme nous. Comme tous les vivants. Il ne nous abandonne jamais à la solitude.

Peur

La peur saisit l'esprit, le cœur et le corps. Elle enlève toute place à l'espoir. Elle installe un voile d'obscurité sur la vie. Elle ôte l'envie de lutter, comme si elle paralysait la volonté. Elle cogne en nous comme un tambour et barre la route à toute mélodie de joie. C'est encore pire lorsqu'on est seul, car alors on est totalement en son pouvoir. Panique devant la maladie incurable, angoisse du condamné à mort, affolement à cause de l'échec répété, crainte devant les regards qui jugent, épouvante de celui et celle qu'on enferme et torture à cause de ses idées, effroi à cause du manque de nourriture, anxiété de ne jamais retrouver de travail, terreur de l'enfant battu, inquiétude de l'innocent que personne n'écoute : toutes les peurs des vivants !

Jésus a connu la peur. Comme nous. Comme tous les vivants. Il ne nous abandonne jamais à la peur.

Confiance

Ce qui permet de lutter et de continuer le chemin malgré la solitude et la peur, c'est d'aimer Dieu et de se savoir aimé de lui. Cet amour fait naître la confiance. Au plus sombre de la nuit, comme une fragile lumière, brille la confiance : on reste accroché à Dieu, comme aux bras d'un père bien-aimé. Même si tout paraît se dresser contre nous, lui veille sur nous. Aucun mauvais pouvoir ne peut gagner contre les enfants du Père qui est aux cieux !

Jésus a eu confiance. Aussi son Père l'a-t-il soutenu jusqu'au bout de sa mission. Il ne nous abandonne jamais.

Ô TOI!

Quand le bonheur en soleil
s'écarte de notre ciel,
par temps de peine,
par temps d'abandon,
par temps de trahison,
par tous les temps
et même par temps de péché,
toi, tu te tiens
tout près de nous,
ô toi, notre Seigneur de grande fidélité !

Quand la souffrance nous prend
comme n'importe quel vivant,
quand notre vie,
pareille au bois sec,
traîne dans la bourrasque,
est emportée dans le malheur
et qu'il n'y a personne
pour nous retenir,
toi, tu viens nous saisir,
ô toi, notre Seigneur de grand secours !

Avec toi,
avec ton amour pour nous appuyer,
avec ta présence pour nous ranimer,
nous traversons les sombres ravins,
ô toi,
notre Seigneur de grande confiance !

DEVANT PILATE

AU TEMPS DE JÉSUS

Pilate est gouverneur romain de la Judée de l'année 25 à 36, donc au temps de Jésus. Comme d'habitude cette année, il quitte sa résidence du bord de la mer et se rend à Jérusalem pour la Pâque. Il doit surveiller le bon déroulement de cette grande fête. Il faut avant tout éviter une révolte. Car il y a toujours des Juifs qui veulent se libérer de l'occupation romaine et établir leur propre roi.

Jésus, arrêté par Judas et sa bande au jardin des oliviers, passe une nuit terrible. Il est traîné de juge en juge. Tôt le matin, le Grand Conseil, qui n'a pas le droit d'exécuter quelqu'un, livre Jésus à Pilate. Celui-ci est très embêté. Il ne veut pas d'histoires. Il a peur d'être mal vu par Rome. Il ne comprend pas le désir de liberté des Juifs. Mais il comprend qu'il n'y a pas de mal en Jésus.

Pour la Pâque, le gouverneur a l'habitude de libérer un prisonnier choisi par le peuple. Voici justement la foule qui monte vers son palais pour réclamer cette libération. Pilate croit avoir trouvé la solution. Il fait choisir la foule entre deux prisonniers : Barrabas ou Jésus. Barrabas avait été mêlé à une révolte contre Rome. Il y avait eu des morts. Jésus lui, n'a pas fait de mal. Malgré l'accusation des prêtres (il a dit : "Je suis le roi des Juifs"), Jésus n'est pas dangereux pour Rome. Pilate est sûr que le peuple choisira Jésus.

Il avait oublié l'influence des grands prêtres. Ils excitent le peuple contre Jésus. La foule demande la libération de Barrabas et la crucifixion de Jésus. Pilate, faible et indécis, livre Jésus aux bourreaux, afin qu'il soit flagellé et crucifié. Pour la flagellation, le condamné est attaché à une colonne et battu avec des fouets à lanières de cuir munies de morceaux de plomb ou d'os.

AU TEMPS DES ÉVANGILES

Marc est à Rome lorsqu'il écrit le procès de Jésus. Pendant ce temps en Palestine, à 3000 km de là, le peuple juif se révolte contre l'occupation romaine. La guerre dure 4 ans, faisant des milliers de morts. Elle aboutit à la destruction de Jérusalem et du Temple. Les révoltés n'arrivent pas à établir un nouveau roi des Juifs.

Quand Marc écrit son Evangile, les chrétiens de Rome viennent d'être persécutés. Ils savent ce que cela signifie être jugés et condamnés pour des crimes que l'on n'a pas commis ! Ils peuvent se sentir proches de Jésus, traîné de tribunal en tribunal et condamné sans raison valable.

Quand Marc écrit son Evangile, les chrétiens de Rome essaient de vivre en paix avec les autorités romaines. Ils ne sont pas révoltés comme à Jérusalem. C'est pourquoi Marc montre que le vrai responsable de la mort de Jésus, ce n'est pas le gouverneur romain Pilate qui a même essayé de sauver Jésus. Pour Marc, les vrais responsables sont les grands prêtres qui manipulent la foule. Ainsi les chrétiens de Rome seront-ils moins suspectés par la police de l'empereur.

DEVANT PILATE

LE TEXTE DE L'ÉVANGILE

[1] Et aussitôt le matin, les grands prêtres tiennent conseil avec les anciens, les scribes et tout le Sanhédrin. Après avoir lié Jésus, ils l'emmenèrent et le livrèrent à Pilate. [2] Et Pilate l'interrogea : "Es-tu le roi des Juifs ?" Il répondit : "C'est toi qui le dis !" [3] Et les grands prêtres l'accusaient de beaucoup de choses.

[4] Pilate l'interrogea de nouveau : "Tu ne réponds rien ? Vois tout ce dont ils t'accusent !" [5] Mais Jésus ne répondit plus rien, au grand étonnement de Pilate.

[6] A chaque fête, il leur relâchait un prisonnier, celui qu'ils réclamaient.

⁷ Or, le nommé Barabbas était lié avec les révoltés, ceux qui avaient commis un meurtre lors de la révolte. ⁸ La foule était montée et commença à réclamer ce qu'il leur accordait d'habitude.

⁹ Pilate leur répondit et dit : "Voulez-vous que je vous libère le roi des Juifs ?" ¹⁰ Il se rendait bien compte que c'était par jalousie que les grands prêtres l'avaient livré. ¹¹ Mais les grands prêtres excitèrent la foule pour obtenir la libération de Barabbas.

¹² Pilate leur répondit de nouveau en disant : "Que ferais-je donc de celui que vous appelez roi des Juifs ?" ¹³ Mais eux crièrent de nouveau : "Crucifie-le !" ¹⁴ Pilate leur disait : "Qu'a-t-il donc fait de mal ?" Mais eux crièrent plus fort : "Crucifie-le !"

¹⁵ Alors, Pilate, voulant satisfaire la foule, leur libéra Barabbas. Et après avoir fait flageller Jésus, il le leur livra pour être crucifié.

Évangile selon saint Marc,
chapitre 15, versets 1 à 15.

POUR MIEUX COMPRENDRE CE TEXTE

1. Cherchez dans le texte qui est "lié", qui est "livré", qui est "libéré".

2. Dans ce texte, quelles sont les personnes qui disent que Jésus est "le roi des Juifs ?"

3. Par quels adjectifs caractériseriez-vous Pilate : courageux, lâche, faible, politique, rusé, intelligent ?

4. Cherchez, sur le plan de Jérusalem, page 228, le lieu où habitait Pilate.

Lâcheté

Tout le monde est lâche, un jour ou l'autre... On est lâche parce qu'on pense que c'est l'unique façon de se protéger et de conserver ses avantages. Tant pis si les conséquences sont mauvaises pour d'autres ! Au lieu de défendre celui et celle qui sont ridiculisés, on préfère se détourner : on risquerait de se moquer de nous aussi. On ferme les yeux sur ceux qui se pavanent dans leurs infractions à la loi, on s'éloigne de celui qui a mauvaise réputation, on ne tient pas à être vu avec celle qui sort de prison, on ne prend pas position en public, on ne s'affirme pas chrétien, on fait l'ignorant devant le mal qui s'accomplit. Parfois même des gouvernements sont lâches : pour garder leurs électeurs, ils acceptent que l'exclusion et l'intolérance s'installent dans leur propre pays. Être lâche, c'est se taire et laisser pratiquer l'injustice. Par intérêt. Désormais, parmi les victimes de la lâcheté humaine, il faut compter Jésus le Christ !

Manipuler la foule

D'une foule, on peut faire ce qu'on veut ! Les dictateurs et les hommes de pouvoir le savent. Dans les foules rassemblées en masse, la conscience libre de chacun cède la place au trouble plaisir de faire comme tout le monde ! Celui qui crie le premier est suivi par tous les autres ! À une foule on peut inoculer la haine de l'étranger ou lui désigner les coupables à lyncher. On peut lui transmettre le racisme ou lui communiquer le sentiment d'être supérieur à tous les autres. On peut lui faire croire que le bonheur se trouve dans la consommation, ou qu'on n'a pas besoin de Dieu, ou qu'il faut d'abord s'occuper de soi et de son pays, ou que la beauté du corps vient avant le développement de l'esprit. C'est facile : il suffit de manipuler les foules avec des sondages, avec de la publicité ou avec de la mode, ou avec la télévision, ou avec les journaux, ou des discours charmeurs. Désormais, parmi les victimes de la foule manipulée, on compte Jésus le Christ.

Torturés

Dans le monde entier, des vivants sont condamnés par des caricatures de tribunaux, parce que leurs pensées et leurs paroles sont considérées comme dangereuses par les chefs du pays : ils parlent d'égalité pour tous, de terre à distribuer aux plus pauvres, de droits identiques pour tous. Ils sont emprisonnés parce qu'ils veulent pratiquer leur religion, parce qu'ils dévoilent l'injustice, le vol et la corruption régnant parmi les dignitaires. Ils sont torturés parce qu'on veut les faire souffrir pour les empêcher d'appeler encore à la liberté. Est-il possible d'accepter cela ? Être chrétien, c'est lutter avec d'autres pour dénoncer et arrêter ces pratiques. Désormais, parmi les torturés, on compte Jésus le Christ.

LES VOICI

Te voici, Seigneur, pourchassé
parce que sans pays,
parce que sans passeport,
parce que noir, blanc, jaune, rouge,
parce que chrétien, juif, musulman,
parce que rien du tout !

Te voici, Seigneur, au tribunal,
tête baissée
devant ceux qui t'ont condamné :
"Ça lui apprendra
à penser autrement que nous !"

Te voici, Seigneur, dans la cour,
mains liées,
pantin livré aux bourreaux :
"Ça lui apprendra
à parler contre nous !"

Impossible de te laisser ainsi !
Avec nos mots et nos cris et nos actes,
avec nos prières et nos révoltes,
nous venons te libérer !

Et te voici, Seigneur,
arrêtant de courir,
sortant du faux tribunal,
remontant de la cave !
Tu n'es pas seul !
Tant d'autres s'avancent avec toi
en plein soleil :
sur eux, tu poses tes mains blessées,
en disant : "Les voici, regardez-les !
Ce sont mes frères et mes sœurs !"

LA CRUCIFIXION

AU TEMPS DE JÉSUS

D'après la loi romaine, le condamné doit lui-même porter l'instrument du supplice. Jésus est donc chargé de la barre transversale de la croix. Affaibli par la flagellation, la tête couronnée d'épines, il franchit péniblement les 600 mètres qui séparent le tribunal du lieu de l'exécution. Celui-ci est situé en dehors des murs de la ville. C'est un petit rocher en forme de crâne chauve. D'où son nom "calvaire" (comme calvitie).

La crucifixion est une peine cruelle. Le condamné est cloué par les mains sur la barre transversale. Celle-ci est hissée puis fixée sur un poteau déjà planté en terre. Les pieds sont cloués sur ce poteau. Tout le corps du supplicié repose sur les plaies. Aucune partie vitale n'est atteinte et l'agonie peut durer très longtemps. Une boisson tonique, vin et myrrhe, peut être donnée au condamné. Jésus la refuse. D'habitude les crucifiés meurent d'étouffement.

La crucifixion est un supplice infamant, appliqué aux esclaves, aux assassins, aux brigands, aux traîtres et aux révoltés. Les crucifiés sont exposés, presque nus, agonisant et mourant, aux yeux des passants. C'est une honte pour eux-même, pour leur famille et pour leurs amis. Une pancarte avec le motif de l'accusation est attachée au sommet de la croix.

Les apôtres ont disparu. Ils ont eu peur. Ils se sont enfuis. Ils se cachent. Un seul reste fidèle : Jean. Il est debout au pied de la croix avec Marie et les femmes qui ont suivi Jésus.

AU TEMPS DES ÉVANGILES

Jean nous raconte la mise en croix de Jésus. Il écrit son récit très tard, vers les années 100. Donc environ 70 ans après la crucifixion. Avant d'écrire, Jean a beaucoup médité et souvent raconté les événements du calvaire. Dans son Évangile, il n'écrit pas tout ce qu'il sait, mais il dit ce qui lui semble le plus important pour ses lecteurs.

Ainsi, Jean ne décrit pas du tout les souffrances terribles de Jésus sur la croix. Son récit est calme et serein. Il veut montrer que Jésus a été élevé sur la croix pour attirer à lui tous les hommes. C'est pour cela qu'il rappelle que la pancarte attachée au sommet de la croix, avec l'inscription "Jésus de Nazareth, le roi des Juifs", est écrite en hébreu (la langue du peuple), en latin (la langue officielle de Rome) et en grec (la langue des gens cultivés et des étrangers). Tous doivent voir que Jésus est un roi. Mais pas un roi comme les autres. Pas un roi sur un trône. Un roi sur une croix. Un roi qui donne sa vie pour ceux qu'il aime.

Comme les autres Évangiles, Jean nous montre que les femmes ont suivi Jésus jusqu'au bout. En écrivant cela, il pense à ce qui se passe à son époque. Les chrétiens se réunissent dans les maisons pour se souvenir du Seigneur. Les femmes sont toujours là pour les accueillir, comme elles étaient là au pied de la croix.

Parmi ces femmes, Marie, la mère de Jésus a une place spéciale. Seul Jean nous dit qu'elle était présente au calvaire. Après la mort de son fils, elle est restée avec les disciples. Elle les a aidés, comme une mère. Quand Jean écrit son Évangile, Marie n'est plus de ce monde. Mais il veut montrer qu'elle était présente au début de la vie de l'Eglise, comme elle l'était au début de la vie publique de Jésus, au mariage de Cana (Jn 2, 1-12).

CHAPITRE 34

LA CRUCIFIXION

LE TEXTE DE L'ÉVANGILE

[17] Jésus, portant lui-même sa croix, sortit (de la ville) vers le lieu du crâne, appelé en hébreu "Golgotha". [18] Là, ils le crucifièrent, ainsi que deux autres de chaque côté avec Jésus au milieu. [19] Pilate écrivit une pancarte et la plaça sur la croix. Il y était écrit : "Jésus de Nazareth, roi des Juifs."

[20] Beaucoup de Juifs lurent cette pancarte, car le lieu où Jésus avait été crucifié était proche de la ville. Et c'était écrit en hébreu, en latin et en grec. [21] Les grands prêtres des Juifs dirent à Pilate : "N'écris pas 'Le roi des Juifs', mais 'celui-là a dit : "Je suis le roi des Juifs." [22] Pilate répondit : "Ce que j'ai écrit, je l'ai écrit."

²³ Lorsque les soldats eurent crucifié Jésus, ils prirent ses vêtements et firent quatre parts, une part pour chaque soldat et la tunique. Or, la tunique était sans couture, tissée tout d'une pièce à partir du haut. ²⁴ Ils se dirent entre eux : "Ne la déchirons pas, mais tirons au sort qui l'aura". Ainsi s'accomplit la parole de l'Écriture : *Ils ont partagé mes vêtements et sur mon vêtement ils ont jeté le sort.* Voilà ce que firent les soldats.

²⁵ Près de la croix de Jésus se tenaient sa mère et la sœur de sa mère, Marie femme de Clopas et Marie de Magdala. ²⁶ Voyant la mère et près de lui le disciple qu'il aimait, Jésus dit à sa mère : "Femme, voici ton fils." ²⁷ Et il dit au disciple : "Voici ta mère !" Et à partir de cette heure, le disciple la prit chez lui.

Évangile selon saint Jean,
chapitre 19, versets 17 à 27.

POUR MIEUX COMPRENDRE CE TEXTE

1. Cherchez le calvaire sur le plan de Jérusalem page 228.

2. Faites la liste de tous les personnages dont parle le texte (excepté Jésus) et regroupez-les selon les catégories suivantes :
- responsables de la mort de Jésus
- exécutants
- indifférents
- fidèles et amis.

3. Pourquoi Jésus dit-il "femme" à sa mère ? Cherchez dans le lexique.

CHAPITRE 34

LA CRUCIFIXION

LES CRUCIFIÉS

Ils ne sont pas exposés sur la colline, il n'y a pas de clous ni de bois, mais on les voit partout dans le monde, les crucifiés d'aujourd'hui : pays qu'on laisse à la famine, peuples privés de liberté et livrés au bon vouloir de quelques uns, réfugiés de partout, sans terre et sans argent, populations parquées dans des camps, familles dispersées par la guerre, vivants frappés et exécutés sous prétexte d'ordre à établir, pauvres sans aucune chance d'en sortir... sans-espoir, sans-amour, pleins-de-misère, malades qui n'en peuvent plus. Ils sont crucifiés ! Parmi eux, le Christ Jésus !

UN SEIGNEUR D'AMOUR

Voici donc notre Dieu : sur la croix ! S'il avait voulu dominer ou montrer sa toute-puissance, ce n'est pas ainsi qu'il aurait agi. Ce qui l'a mené jusqu'ici est sa volonté de rendre les hommes heureux. En le voyant ainsi, Seigneur crucifié, on se dit que l'amour de Dieu a décidément des comportements étranges : il naît sur la paille, il devient l'un d'entre nous, il lave les pieds de ses apôtres, il se partage en nourriture, et maintenant il se laisse dépouiller, écarteler, exposer afin que le plus grand nombre en reçoive de l'espoir. Sur la croix, Dieu se montre en vérité : par tendresse, il est prêt à tout pour les vivants ! La gloire ne l'intéresse pas, sinon il n'aurait pas pris la croix ; le faste ne l'intéresse pas, sinon il n'aurait pas accepté les clous et les coups ; l'or ne l'intéresse pas, il n'aurait pas toléré d'être déchiré sur du bois souillé. Ce qui l'intéresse, notre Dieu, ce n'est pas de recevoir, mais de tout donner ! De s'offrir complètement pour le monde. Quel Seigneur d'amour !

LE SIGNE DE LA CROIX

La croix devient signe de reconnaissance pour ceux et celles qui croient au Christ crucifié. Avec ce signe, ils annoncent que l'amour de Dieu est planté dans la terre des humains. La croix est l'indication, le premier signe d'un monde nouveau où l'on lutte contre la haine avec le pardon, où l'on partage avec tous, où l'on se tourne vers Dieu comme vers un Père, où l'on refuse l'exclusion, où le cœur de l'homme et de la femme échappe au pouvoir du mal, où les forces de mort sont brisées. Faire le signe de la Croix signifie clairement : "Nous voici Seigneur, pour aimer à ta manière !"

BRAS OUVERTS

Te voici, Jésus,
notre Seigneur et notre Dieu,
les bras tout grands ouverts,
pour annoncer
aux habitants de la terre :
"Voyez, il y a de la place
pour tous dans l'amour de notre Père
qui est aux cieux."

Te voici, Christ,
notre Seigneur et notre Dieu,
les bras tout grands ouverts,
pour dire aux habitants de la terre :
"Venez, suivez-moi !"
Rien ne pourra nous arrêter sur le chemin.
Car de mes bras en croix
j'écarterai le mal et la mort
et je vous conduirai à travers l'étroit
passage
jusqu' à la vie qui ne finit pas !"

Nous voici, Jésus-Christ,
à genoux devant toi,
pour te regarder et te dire :
"Merci à toi,
notre Seigneur, et notre Dieu !"

CHAPITRE 35

LA MORT
ET LA SÉPULTURE

AU TEMPS
DE JÉSUS

AU TEMPS
DES ÉVANGILES

C'est la veille de la Pâque juive, selon notre calendrier très probablement le vendredi 7 avril de l'an 30. Jésus est en croix depuis midi (la sixième heure). Pendant son agonie, de temps en temps, quand il en trouve la force, il dit quelques mots. Il pardonne à ses bourreaux. Il réconforte ceux qui sont en croix avec lui. Il confie sa mère à Jean. A trois heures (la neuvième heure), il pousse un grand cri et rend l'esprit. C'est dur de mourir à 30 ans.

Que faire du cadavre ? Normalement, les corps des condamnés sont jetés dans une fosse appartenant au tribunal. C'est alors qu'intervient Joseph d'Arimathie. Il fait partie du Grand Conseil. Il a participé à la réunion qui a condamné Jésus. Mais il n'est pas d'accord avec la décision prise.

Il réussit à récupérer le corps de Jésus. Il lui offre le tombeau tout neuf qu'il s'est fait creuser dans un rocher de son jardin, près du calvaire. Le corps de Jésus est posé sur la banquette de pierre à l'intérieur du sépulcre. Il se fait tard. On n'a plus le temps de l'embaumer. En attendant, on ferme le tombeau avec la grosse pierre ronde destinée à cet effet.

Le sabbat commence le soir même. Déjà la ville s'illumine des lumières célébrant cette fête. Les amis de Jésus sont accablés de douleur et découragés. Mais ils doivent bien se rendre à l'évidence : celui en qui ils avaient mis leur espoir est mort.

Quand Luc, environ cinquante ans plus tard, raconte la mort de Jésus, que veut-il faire comprendre à ses lecteurs ?

1. Cette mort a ouvert à tous les hommes la route vers Dieu. En effet, le Temple est regardé comme la demeure de Dieu. L'endroit le plus sacré de l'édifice est le Saint des Saints. C'est un peu comme le chœur dans les anciennes églises. Il est séparé du reste du Temple par un rideau. Seul le grand prêtre peut y pénétrer une fois l'an. En disant - dans un langage imagé - qu'à la mort de Jésus, le rideau du Temple s'est déchiré, Luc veut montrer que, désormais, il n'y a plus de séparation entre les hommes et Dieu. Tous ont libre accès auprès de Lui.

2. Croire en Jésus mort sur une croix n'est pas une folie. En effet, lorsque les apôtres annoncent la mort de Jésus, beaucoup sont scandalisés : "Comment peut-on suivre quelqu'un qui a été pendu comme un esclave ?" D'autres se moquent : "Il faut être fou pour croire en un Dieu crucifié". En racontant la mort de Jésus, Luc montre que les gens qui l'ont vu mourir se sont transformés. Les spectateurs curieux s'en vont en se frappant la poitrine en signe de repentir. Le capitaine romain reconnaît que Jésus était juste. Et un membre du Grand Conseil a le courage de montrer qu'il n'était pas d'accord avec la décision de ses collègues.

LA MORT
ET LA SÉPULTURE

LE TEXTE DE
L'ÉVANGILE

⁴⁴ C'était déjà environ la sixième heure (midi). Il y eut des ténèbres sur toute la terre jusqu'à la neuvième heure (15 heures). ⁴⁵ Le soleil s'était obscurci. Le rideau du Temple se déchira par le milieu. ⁴⁶ Et, criant d'une voix forte, Jésus dit : *"Père, entre tes mains je remets mon esprit* !" Après ces paroles, il expira.

⁴⁷ Voyant ce qui s'était passé, le centurion glorifiait Dieu. Il disait : "Vraiment cet homme était juste !" ⁴⁸ Toutes les foules qui s'étaient rassemblées pour ce spectacle s'en retournèrent, après l'avoir vu, en se frappant la poitrine. ⁴⁹ Mais tous *ses amis*, de même que des femmes qui l'avaient suivi depuis la Galilée *se tenaient à distance* et regardaient.

⁵⁰ Survint alors un homme du nom de Joseph. C'était un membre du Conseil. Il était bon et juste. ⁵¹ Il n'avait approuvé ni leur projet, ni leur acte. Il était d'Arimathie, une ville des Juifs. Il attendait le Royaume de Dieu. ⁵² Il alla chez Pilate et lui réclama le corps de Jésus. ⁵³ Puis il le descendit de la croix. Il l'enveloppa dans un linceul. Il le déposa dans une tombe taillée dans le roc, où personne n'avait encore été placé.

⁵⁴ C'était le jour de la préparation (vendredi). Les lumières du sabbat commençaient déjà à briller. ⁵⁵ Les femmes qui étaient venues de Galilée avec Jésus avaient suivi Joseph. Elles regardèrent le tombeau et comment son corps avait été déposé. ⁵⁶ S'en retournant, elles préparèrent aromates et parfums. Et le jour du sabbat, elles observèrent le repos selon le commandement.

Évangile de saint Luc,
chapitre 23, versets 44 à 56.

POUR MIEUX COMPRENDRE CE TEXTE

1. La dernière parole de Jésus s'adresse à son "Père".
Regardez quelle est la première parole
de Jésus dans l'Evangile de Luc, page 39.
Pourquoi pensez-vous que Luc
rapproche ainsi la première
et la dernière parole de Jésus ?

2. Recherchez dans le texte
toutes les indications de jour et d'heure,
et refaites le calendrier des événements.

3. Cherchez les personnes et les groupes.
Quelles sont leurs réactions face à la mort de Jésus ?

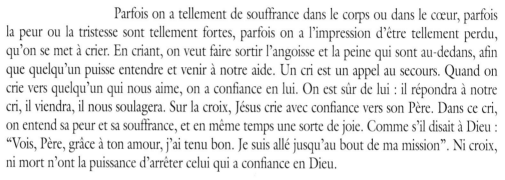

CHAPITRE 35
LA MORT
ET LA SÉPULTURE

CRIER DE CONFIANCE

Parfois on a tellement de souffrance dans le corps ou dans le cœur, parfois la peur ou la tristesse sont tellement fortes, parfois on a l'impression d'être tellement perdu, qu'on se met à crier. En criant, on veut faire sortir l'angoisse et la peine qui sont au-dedans, afin que quelqu'un puisse entendre et venir à notre aide. Un cri est un appel au secours. Quand on crie vers quelqu'un qui nous aime, on a confiance en lui. On est sûr de lui : il répondra à notre cri, il viendra, il nous soulagera. Sur la croix, Jésus crie avec confiance vers son Père. Dans ce cri, on entend sa peur et sa souffrance, et en même temps une sorte de joie. Comme s'il disait à Dieu : "Vois, Père, grâce à ton amour, j'ai tenu bon. Je suis allé jusqu'au bout de ma mission". Ni croix, ni mort n'ont la puissance d'arrêter celui qui a confiance en Dieu.

CHANGER ET CROIRE

Le voyant sur la croix, le Centurion a "changé" de regard sur Jésus. Jusqu'à présent, il s'est peut-être contenté de ce qu'on rapportait à son sujet, des rumeurs ou des moqueries colportées sur lui. Maintenant, devant l'événement de la croix, le Centurion est comme "retourné" : converti. Comme si des écailles lui tombaient des yeux. Comme s'il découvrait enfin Jésus réellement. Comme s'il saisissait enfin le sens de tout ce que Jésus avait dit et fait. Certains événements qui nous touchent de près sont capables de transformer notre manière de "considérer" Jésus et de croire en lui. A l'occasion de certains événements, on peut prendre conscience de la présence fidèle et de l'amour de Jésus. Alors on se dit, comme le Centurion : "Je ne le connaissais pas ! Vraiment, c'est lui notre Seigneur. Il 'change' notre vie ! Je crois en lui !" Si on croit en Jésus, on se laisse "changer, convertir" par lui, et on agit selon son Évangile.

MORT

L'existence s'arrête. On a fini d'agir, d'aimer, de créer. Comme si on tirait sur nous le rideau. Mais est-ce vraiment fini ? Et si le rideau s'ouvrait sur un nouvel avenir, un autre paysage ? Jésus meurt, comme nous ! Il connaît notre mort. Il nous accompagne quand arrive pour nous ce moment.

TOMBEAUX

Les tombeaux rappellent le deuil, l'absence d'un être aimé. Ils font penser à des trous dans lesquels disparaissent la vie et la joie. Pourtant, les tombeaux n'évoquent-ils pas les sillons qu'on trace dans la terre pour y poser le grain qui germera en belles moissons ? Jésus, parlant de lui-même, n'a-t-il pas dit : "Il faut que le grain meure en terre pour donner la vie "? Jésus est déposé dans le tombeau comme tous les vivants. A la façon d'une semence. C'est pourquoi les tombeaux sont des lieux d'espérance. N'est-ce pas pour cette raison qu'on y dépose des fleurs ?

ENTRE
TES MAINS

Avec toi, Seigneur,
c'est un rempart !
Je suis à l'abri,
comme derrière un roc,
quand mugissent les vents
qui s'acharnent sur moi
pour me jeter dans la boue !

Avec toi, Seigneur,
c'est la délivrance !
Je m'échappe des mailles serrées
du filet de mal
qui m'enserre pour m'emprisonner.

Avec toi, Seigneur,
c'est la lumière
dans mes yeux et mon cœur
remplis de peur.
De toi, je suis sûr ;
tu me sauves,
c'est toi mon Dieu !

Avec joie et confiance,
je te remets ma vie.
Entre tes mains,
elle est gardée pour toujours.
De ton amour, tu l'entoures
pour la protéger,
comme on enveloppe
de ses mains
une flamme fragile
pour la soustraire à la tempête.
Toi, Seigneur, tu portes ma vie
de l'autre côté de la mort
auprès de toi, dans la vie
qui germe pour toujours
en ta présence.

LA RÉSURRECTION

AU TEMPS DE JÉSUS

Le jour suivant la mort de Jésus est terrible pour ses amis. C'est un sabbat, un samedi. Les images tristes de l'arrestation, des souffrances, de l'exécution du maître habitent leurs cœurs et leurs esprits. Ils ont tout quitté pour lui. Ils ont mis leur espoir en lui. Maintenant tout est fini. Ils sont comme des orphelins.

Les femmes, qui ont aidé Jésus, sont également présentes. Le lendemain matin, elles achètent des aromates. Elles se rendent au tombeau pour embaumer le corps déposé à la hâte. Elles étaient les dernières à la croix. Elles seront les premières au tombeau.

À l'arrivée elles sont stupéfaites. La pierre qui fermait l'entrée du tombeau est roulée de côté. Le corps de Jésus a disparu. Où est-il ? A-t-il été volé ou posé ailleurs ? Est-ce l'action d'un ami ou d'un ennemi ? Que s'est-il passé durant la nuit ? Elles tremblent de tous leurs membres. Elles comprendront que Jésus est vivant. Mais pour le moment, elles ne le voient pas. Elles sentent qu'elles sont devant un mystère qui les dépasse. Elles s'enfuient, mortes de peur.

Pierre et Jean iront vérifier. C'est la vérité : Jésus n'est plus là ! Les femmes ne se sont pas trompées.

AU TEMPS DES ÉVANGILES

Petit à petit les amis de Jésus comprennent qu'il est vivant. Beaucoup disent l'avoir vu. Plus tard, Paul résume ainsi ces apparitions du Seigneur : "Il s'est fait voir à Pierre, puis aux Douze. Après cela, il s'est fait voir en une seule fois à plus de cinq cents frères... Ensuite il s'est fait voir à Jacques, puis à tous les apôtres. Après eux tous, il s'est fait voir à moi aussi." (1re lettre aux Corinthiens 15, 4-8)

Les apôtres, les femmes, les disciples font ainsi l'expérience d'une présence nouvelle de Jésus. Ils annoncent à travers le monde qu'il est vivant, que Dieu l'a ressuscité, qu'il s'est éveillé d'entre les morts, qu'il s'est levé, qu'il est ressuscité.

Plus tard, les évangélistes écrivent leur récit de la vie de Jésus. Ils font tous une longue description de sa passion et de sa mort. Ils parlent aussi de ce qui s'est passé après la Résurrection. Mais aucun ne décrit ce qui s'est passé la nuit de Pâques. La passion, on pouvait la voir et la raconter. La Résurrection, il faut y croire et en témoigner.

Tant que cela était possible, tous les ans, les chrétiens de Jérusalem se rendent en pèlerinage au tombeau vide. Mais ils comprennent de mieux en mieux qu'il ne s'agit pas de rechercher un mort, mais de se mettre à la suite d'un vivant !

Ce lendemain du sabbat, le premier jour de la semaine, est devenu pour les chrétiens "le jour du Seigneur", le dimanche, fête de Jésus ressuscité.

LA
RÉSURRECTION

LE TEXTE DE
L'ÉVANGILE

¹ Quand le sabbat fut passé, Marie de Magdala, Marie mère de Jacques et Salomé achetèrent des aromates pour aller embaumer le corps de Jésus. ² Et, de grand matin, le premier jour de la semaine, elles se rendent au tombeau, au lever du soleil.

³ Elles se disaient entre elles : "Qui nous roulera la pierre pour dégager l'entrée du tombeau ?" ⁴ Et, levant les yeux, elles voient que la pierre avait été roulée de côté. Elle était pourtant énorme. ⁵ Elles entrèrent dans le tombeau et virent un jeune homme assis à droite ; il était vêtu d'une robe blanche. Elles furent saisies de frayeur.

⁶ Il leur dit : "Ne soyez plus effrayées ! Vous cherchez Jésus de Nazareth, le crucifié ? Il s'est éveillé (des morts). Il n'est pas ici. Voici l'endroit où ils l'avaient posé. ⁷ Mais allez, dites à ses disciples et à Pierre qu'il vous précède en Galilée. C'est là que vous le verrez, comme il vous l'a dit."

⁸ Elles sortirent et s'enfuirent du tombeau. Car le tremblement et la stupeur les avaient saisies. Et elles ne dirent rien à personne, car elles avaient peur.

Évangile selon saint Marc,
chapitre 16, versets 1 à 8.

POUR MIEUX COMPRENDRE CE TEXTE

1. Quel est le projet des femmes ?

2. Quel est le projet de l'homme vêtu de blanc ?

3. Regardez dans le lexique ce que signifie : blanc, résurrection.

4. Regardez dans l'introduction comment sont racontés les événements qui suivent la mort de Jésus, page 15.

5. Regardez les mots qui expriment l'obscurité et la clarté dans le texte de la mort de Jésus, page 198 et 199 et dans ce texte.

VIVRE
AUJOURD'HUI

LA NUIT

L'espoir s'est brisé, les amis sont partis, la tristesse envahit le cœur, la mort est à la porte, on ne sait plus vers qui se tourner, le chemin est perdu, on n'a plus confiance, même pas en Dieu. On se sent entouré d'une obscurité pareille à une fosse profonde de ténèbres et on n'ose même plus chercher la sortie : c'est la nuit ! Pour les amis de Jésus, c'est la nuit.

LE JOUR

Un mince trait de lumière à l'horizon. Tellement fin ! Presque rien qu'un simple tremblement de clarté. Tout fragile. Mais déjà la nuit est déchirée. Lentement, la vacillante lueur augmente et s'avance, faisant définitivement reculer l'obscurité. On dirait un combat ! La clarté finit par s'étendre partout : elle coule sur les visages et jusque dans les cœurs. C'est le jour ! Pour les apôtres, ce matin-là, le jour se lève.

RESSUSCITÉ

De la mort, Jésus est relevé par le Père : il est ressuscité ! Toutes les forces qui s'étaient liguées contre lui : haine, exclusion, mensonge, mal, sont défaites. Par son amour et par sa confiance en son Père, Jésus a gagné contre elles ! Même la mort a perdu sa puissance : en ressuscitant, Jésus le Christ enlève tout pouvoir à la mort. C'est comme un combat, et c'est Jésus qui a gagné ! C'est lui, le Seigneur de la vie. Jésus a traversé la mort, comme on traverse un épais rempart, imprenable jusque-là. Jésus le Christ a ouvert un passage dans le rempart, et plus jamais il ne se refermera. Jésus ressuscité passe devant nous, dégageant les obstacles pour aplanir le chemin. Désormais une ouverture est pratiquée dans la mort ! En suivant les traces de Jésus, nous passons de l'autre côté : dans la vie.

DIMANCHE

Pâques est le premier jour d'une terre transformée où la vie est gagnante grâce à Jésus traversant la mort. Chaque dimanche est un jour de Pâques régulièrement fêté au long des semaines afin d'entrer peu à peu dans la joie de Jésus Ressuscité. Le dimanche, les chrétiens se rassemblent et s'émerveillent de tout ce que le Christ Jésus a réalisé à travers sa vie et sa mort. Ils repartent ensuite pour lutter avec lui contre toutes les forces de mort à l'œuvre en eux et dans le monde. Croire en Jésus Ressuscité, c'est diminuer la nuit dans le monde et répandre le jour, en pratiquant l'Évangile de Jésus le Christ.

VIVANT

Chantez tous : "Alleluia et Merci !"
Car voici le Seigneur Jésus
debout, relevé, vivant.
Sur lui la mort a glissé !
Sur lui la mort s'est brisée !

Le Seigneur Jésus
est venu sur la terre humaine.
À tous il a porté la Bonne Nouvelle
du pardon et de la paix de Dieu.

Il s'est mis à genoux
en signe d'amitié et de service.
Il s'est offert
comme du pain sur la route,
comme du vin pour la fête
afin que tous puissent en manger,
afin que tous puissent s'en réjouir !

Sur la croix, il a chargé
tous les fardeaux de notre vie.
Sur la croix, il a ouvert les bras
pour distribuer tous les trésors
de l'amour de Dieu.
Il a semé la vie sur son passage.

Le mal s'est levé contre lui,
la haine a essayé de l'arrêter,
la méchanceté s'est dressée
pour le faire tomber,
la mort elle-même a aiguisé ses armes
pour le couler et le jeter dans le fossé.
Mais ils ont tous perdu.
Car le Père lui-même
a ressuscité son Fils bien-aimé !

Amis, venez tous,
pour l'acclamer et le chanter :
"Alleluia et joie !
Merci à toi, Seigneur de la vie,
vainqueur de la mort !
Nous voici tous debout et prêts
à prendre le chemin
où l'on devient vivant comme toi !
Alleluia et merci à toi,
Jésus-Christ,
notre Seigneur et notre Dieu !"

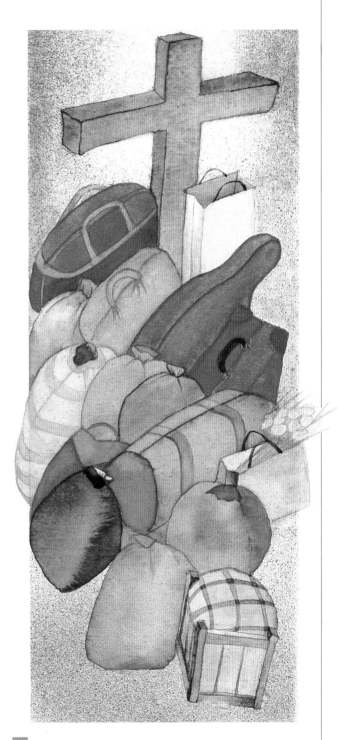

CHAPITRE 37

LES DISCIPLES D'EMMAÜS

AU TEMPS
DE JÉSUS

Après la mort de Jésus, certains de ses amis sont découragés. D'autres se ressaisissent et continuent à espérer. Ils découvriront que Jésus vivant est toujours avec eux. Mais ils ont parfois de la peine à le reconnaître.

AU TEMPS
DES ÉVANGILES

Après de longues années, Luc raconte ce qui s'est passé le soir de Pâques : deux disciples découragés rencontrent, accueillent, reconnaissent et annoncent Jésus vivant. Luc écrit pour des chrétiens qui n'arrivent pas toujours à découvrir Jésus présent dans leur vie. Il leur montre qu'ils peuvent le trouver - comme ces disciples découragés - par l'accueil de l'autre, le dialogue, l'hospitalité, la lecture de la Bible, le partage du pain et l'Eucharistie.

LE TEXTE
DE L'ÉVANGILE

[13] Et voici que, ce même jour, deux d'entre eux faisaient route vers un village du nom d'Emmaüs, à 60 stades (12 km) de Jérusalem. [14] Ils parlaient entre eux de tout ce qui s'était passé.

[15] Or, tandis qu'ils parlaient et discutaient, Jésus lui-même les rejoignit et fit route avec eux. [16] Mais leurs yeux étaient empêchés de le reconnaître. [17] Il leur dit : "Quelles sont ces paroles que vous échangiez entre vous en marchant ?" Et ils s'arrêtèrent, le visage triste. [18] L'un d'eux, nommé Cléophas, lui répondit : "Tu es bien le seul visiteur de Jérusalem à ne pas savoir ce qui est arrivé ces jours-ci."

[19] Il leur dit : "Quoi donc ?" Ils lui répondirent : "Ce qui concerne Jésus de Nazareth. Cet homme était un prophète puissant en action et en parole devant Dieu et tout le peuple.

²⁰ Comment les chefs des prêtres et nos chefs l'ont livré pour être condamné à mort et l'ont crucifié. ²¹ Et nous qui espérions que c'était lui qui allait libérer Israël ! En plus, cela fait déjà trois jours que ces choses sont arrivées.

²² Pourtant, quelques femmes, qui sont des nôtres, nous ont bouleversés. De grand matin elles s'étaient rendues au tombeau. ²³ Mais elles n'ont pas trouvé son corps. Elles sont venues nous dire qu'elles avaient même vu une vision d'anges qui disaient qu'il était vivant. ²⁴ Alors quelques-uns des nôtres sont allés au tombeau. Ils ont trouvé les choses comme les femmes l'avaient dit. Mais lui, ils ne l'ont pas vu."

²⁵ Et Jésus leur dit : "Vous ne comprenez donc rien ! Que votre cœur est lent à croire tout ce qu'ont dit les Prophètes ! ²⁶ Ne fallait-il pas que le Christ souffrît pour entrer dans sa gloire ?" ²⁷ Et, commençant par Moïse et par tous les Prophètes, il leur expliqua dans toutes les Écritures ce qui le concernait.

²⁸ Ils approchèrent du village où ils se rendaient. Jésus fit semblant d'aller plus loin. ²⁹ Mais ils insistèrent en disant : "Reste avec nous, car le soir vient et le jour est déjà au déclin." ³⁰ Or, quand il se mit à table avec eux, il prit le pain, dit la bénédiction, le rompit et le leur donna.

³¹ Alors leurs yeux s'ouvrirent et ils le reconnurent. Mais lui devint invisible pour eux. ³² Et ils se dirent l'un à l'autre : "Notre cœur n'était-il pas tout brûlant quand il nous parlait en chemin, quand il nous expliquait les Écritures ?"

³³ Sur l'heure, ils se mirent en route et retournèrent à Jérusalem. Ils trouvèrent réunis les Onze et leurs compagnons qui dirent : ³⁴ "C'est vrai, le Seigneur s'est éveillé (des morts), il est apparu à Simon".³⁵ Quant à eux, ils racontèrent ce qui s'était passé en chemin et comment il s'était fait reconnaître d'eux par la fraction du pain.

Évangile de Luc,
chapitre 24, versets 13 à 35.

POUR MIEUX COMPRENDRE CE TEXTE

1. Relisez le texte en cherchant tout ce qui a aidé les deux hommes à découvrir Jésus vivant :
- quelles actions?
- quelles paroles?
- quels écrits?

2. Cherchez dans le lexique le sens des mots suivants : Ange, Écriture, Fraction du pain, Gloire, Moïse, Prophètes.

VIVRE AUJOURD'HUI

DÉCOURAGÉS

Il en va ainsi sur la route de la vie : parfois le découragement nous saisit parce que la foi mise en Dieu s'écroule, parce qu'on a l'impression que Dieu nous laisse de côté et la tristesse alors nous étreint, parce qu'on pense être éloigné définitivement de l'amour de Dieu et qu'on reste seul, sans son aide et sans sa présence. Alors on avance comme en traînant et sans enthousiasme, en se disant: "À quoi bon ?" D'une certaine façon on est comme morts.

LES SIGNES QUI FONT REVIVRE

Ceux dont le cœur et la foi sont en alerte trouvent des signes de Jésus-Christ vivant. Même s'ils ne le voient pas de leurs yeux, ils le découvrent présent sur la route de leur vie. Ils reconnaissent l'amour de Jésus présent dans le pardon accordé sans compter. Ils voient la tendresse de Jésus présent dans le respect donné sans tenir compte des apparences, et dans le refus de tout mépris. Ils distinguent la paix de Jésus présent dans les efforts accomplis pour l'entente et la compréhension. Ils discernent la miséricorde de Jésus présent dans le don de soi pour augmenter le bonheur de la terre. Ils reconnaissent Jésus Ressuscité présent dans les chrétiens et les chrétiennes agissant selon l'Évangile. Ils le regardent présent dans les chrétiens rassemblés en Église.

En voyant ces "signes", le découragement disparaît ! On reste dans la joie, car on comprend que Jésus Vivant avance à nos côtés sur la route de la vie.

L' EUCHARISTIE

Le Seigneur Jésus lui-même a laissé un signe à travers lequel ses amis peuvent le reconnaître et le rencontrer : l'Eucharistie ! Ainsi, à chaque Eucharistie, le Seigneur lui-même est réellement présent au milieu des siens réunis en son nom, afin de les inviter à sa table où il sert en nourriture sa Parole et sa Vie. Dans son Évangile, annoncé et reçu, Jésus invite les chrétiens et les chrétiennes réunis à lui faire confiance et à prendre avec lui la route vers la vie. Pour eux, il rompt le pain et verse le vin, son corps et son sang, offrant et partageant à tous son amour.

Chaque fois que les chrétiens ont "vu" le signe, ils partent répandre la nouvelle que Jésus le Christ avance avec les vivants, les soutenant et les encourageant dans leur marche vers la joie qui ne finit pas.

SUR LA ROUTE

Reste avec nous, Seigneur,
sur la route,
quand s'approche la nuit
et que le mal nous guette
pour nous tendre ses pièges.
Que ta présence
nous éclaire, Seigneur !

Avance avec nous, Seigneur,
sur la route,
quand disparaît le jour
et que notre courage,
comme après une longue course,
s'essouffle devant les efforts
toujours à reprendre.
Tiens-nous debout
avec le pain de ta présence !

Montre-nous la route, Seigneur,
quand notre cœur est aveugle
et que nous passons à côté
des signes que tu poses
dans chacun de nos jours !
Viens avec nous, Seigneur,
et que ta présence
soit brûlante en notre vie !

AUX BORDS DU LAC

AU TEMPS DE JÉSUS

AU TEMPS DES ÉVANGILES

Certains des amis de Jésus rentrent chez eux. D'autres restent réunis pour un temps à Jérusalem. À un moment donné, ceux de Galilée retournent aussi dans leur région. Pierre, Thomas, Nathanaël, Jacques et Jean reprennent leur travail de pêcheurs sur le lac de Tibériade.

Mais en même temps il découvrent le Ressuscité et vivent avec lui. Ce n'est pas toujours évident. Marie-Madeleine le prend d'abord pour un jardinier. Les disciples d'Emmaüs font un long chemin avec lui avant de le reconnaître. Sur les bords du lac, Pierre et ses compagnons savent que c'est le Seigneur qui les invite à manger. Pourtant ils n'osent pas demander : "Qui es-tu ?"

Ils comprennent de mieux en mieux que la Bible parlait d'un Messie qui devrait souffrir, être mis à mort et ressusciter. Ils se rendent compte aussi que le Seigneur vivant n'est pas simplement un cadavre qui a repris sa vie d'avant. Un tel ressuscité devrait de nouveau mourir. Ils découvrent un Jésus transformé totalement. Son corps est déjà "dans la gloire" un peu comme à la Transfiguration. Mais c'est bien lui. Pour le reconnaître il ne suffit pas de le "voir", il faut "croire".

À la fin de l'Évangile de Jean, on a ajouté le récit d'une apparition de Jésus au bord du lac (de la mer) de Tibériade.

L'auteur ne veut pas seulement rappeler un vieux souvenir. Il veut montrer à ses lecteurs comment ils peuvent eux aussi retrouver le Ressuscité :

- Pas besoin d'aller très loin. Cela se passe dans la vie de tous les jours. Pierre et ses amis sont en train de travailler quand Jésus les rejoint.
- Il faut l'amour de Dieu. "Le disciple que Jésus aimait" le reconnaît en premier, et non Pierre qui pourtant est le chef du groupe.
- Il faut s'entraider : Pierre et ses compagnons travaillent ensemble. Jean dit à Pierre : "C'est le Seigneur".
- Il faut se souvenir des gestes passés de Jésus. Sur ce même lac, les apôtres avaient déjà fait une pêche miraculeuse avec lui. Il avait partagé pour eux de nombreuses fois la nourriture quotidienne : du pain et du poisson.

L'auteur veut aussi suggérer autre chose. Jésus avait dit à ses apôtres : "Je vous ferai pêcheurs d'hommes". Le récit peut avoir un sens caché, figuré : les poissons signifient alors les gens très nombreux qui ont écouté les apôtres et sont devenus chrétiens.

AUX BORDS
DU LAC

LE TEXTE DE
L'ÉVANGILE

¹ Après cela, Jésus se manifesta de nouveau à ses disciples sur la mer de Tibériade. Il se manifesta ainsi : ² Simon-Pierre et Thomas, appelé le Jumeau, Nathanaël de Cana en Galilée, les fils de Zébédée et deux autres de ses disciples étaient ensemble. ³ Simon-Pierre leur dit : "Je vais pêcher". Ils lui dirent : "Nous aussi, nous allons avec toi." Ils sortirent et montèrent dans la barque. Et cette nuit-là, ils ne prirent rien.

⁴ Quand le matin fut arrivé, Jésus se tint sur le rivage. Mais les disciples ne surent pas que c'était Jésus. ⁵ Jésus leur dit : "Les enfants, avez-vous du poisson à manger ?" Ils lui répondirent : "Non." ⁶ Il leur dit : "Jetez le filet à droite de la barque et vous trouverez." Ils le jetèrent donc. Mais ils n'eurent plus la force de le tirer à cause de l'abondance des poissons.

⁷ Le disciple que Jésus aimait dit alors à Pierre : "C'est le Seigneur". Quand Simon-Pierre entendit que c'était le Seigneur, il mit son vêtement, car il était nu, et se jeta dans la mer. ⁸ Les autres disciples revinrent avec la barque en tirant le filet avec les poissons. En effet, ils n'étaient pas loin de la terre, à 200 coudées (90 m) environ.

⁹ Lorsqu'ils furent descendus à terre, ils virent là un feu de braise avec des poissons par-dessus et du pain. ¹⁰ Jésus leur dit : "Apportez de ces poissons que vous venez de prendre." ¹¹ Simon-Pierre remonta donc dans la barque et tira à terre le filet plein de gros poissons. Il y en avait cent cinquante-trois. Et, bien qu'il y en eût tant, le filet ne se déchira pas.

¹² Jésus leur dit : "Venez, déjeunez !" Aucun des disciples n'osait lui demander : "Qui es-tu ?" Ils savaient que c'était le Seigneur. ¹³ Jésus vient. Il prend le pain et le leur donne. Il fait de même avec les poissons. ¹⁴ C'est ainsi que, pour la troisième fois, Jésus, éveillé d'entre les morts, fut manifesté à ses disciples.

> *Évangile selon saint Jean,*
> <u>*chapitre 21, versets 1 à 14.*</u>

POUR MIEUX COMPRENDRE CE TEXTE

1. Cherchez, dans la vie de Jésus, des gestes que l'on retrouve dans ce récit :
- le partage du pain et du poisson (voir page 113).
- l'appel à devenir pêcheur d'hommes (voir page 53).
- une autre pêche miraculeuse (regardez dans votre Évangile , Luc 5, 4-11).

2. Sur la carte de Palestine et dans le lexique, cherchez la Galilée, et la ville de Cana d'où est Nathanaël. Que s'est-il passé d'autre à Cana ?

VIVRE
AUJOURD'HUI

CHAQUE JOUR

Pour rencontrer le Seigneur Ressuscité, nul besoin d'entreprendre de longs voyages ou de s'enfermer dans l'obscurité, ou de se retirer loin des autres. Au contraire, ses traces on les trouve chaque jour, dans tout ce qui constitue notre existence quotidienne. On le trouve sur les bancs de l'école où l'on développe l'intelligence, et dans les ateliers des usines au milieu de tant de visages différents. On le croise dans les chambres d'hôpitaux où le réconfort est distribué, et sur tous les lieux où l'on participe à la transformation du monde. On le rencontre parmi les organisations qui se dépensent pour améliorer les conditions de vie, ou dans les assemblées de chrétiens réunis en son nom et agissant par amour du prochain. On rencontre le Ressuscité partout où se déroule la vie des hommes. C'est là qu'il se trouve, le Seigneur Vivant, pour aider les hommes et les femmes à grandir à l'image et à la ressemblance de Dieu. Pour les aider à ressusciter !

ENSEMBLE

Si personne ne nous éclaire, on risque de ne même pas prêter attention au Ressuscité partageant notre existence ! Il faut qu'on nous alerte l'esprit et le cœur. En effet, à la longue, notre désir de le rencontrer, pareil à un feu étouffé par des feuilles mortes, pourrait être recouvert par les soucis et les envies inutiles.

Ensemble, on se rend attentifs les uns les autres : "Le Seigneur est ici !" On s'éveille l'intelligence pour mieux le reconnaître. On se rappelle ce qu'il a dit et fait, on réfléchit, on prie. On soutient ceux qui voudraient abandonner sous prétexte qu'ils ne voient le Seigneur ni ici ni là-bas. On leur indique la direction : "Regarde par là ! À toi de chercher !" Grâce aux uns et aux autres, la foi au Seigneur Ressuscité grandit !

REGARDER - ÉCOUTER

Si on l'aime, on rencontre le Seigneur chaque jour. Si son amour habite notre cœur, il nous est facile de le reconnaître ! Quand on est rempli d'amour, on se rend toujours compte de la présence de l'aimé. Le secret pour aimer le Seigneur ? Il suffit de le regarder et de l'écouter ! Le regarder relevant le paralysé, touchant le lépreux, riant avec les enfants, offrant sa vie sur la croix. L'écouter pardonnant à la femme adultère, encourageant Zachée à changer de vie, annonçant le bonheur par les Béatitudes, donnant son Esprit.

Quand patiemment, joyeusement, avec admiration, on écoute et regarde le Seigneur Jésus, alors pas de doute, on le reconnaît passant aux bords de notre lac, c'est-à-dire dans notre vie de chaque jour.

TANT DE LIEUX

Il y a tant de personnes
à rencontrer et à respecter,
tant de travaux à terminer,
tant d'Évangile à découvrir,
tant d'activités à réaliser,
tant de prières et de silences,
tant de projets à mener
jusqu'à leur achèvement
pour le bien de tous.

Tant de lieux
où tu donnes rendez-vous
à notre foi et à notre amour !

Mais tu nous connais, Seigneur !
Notre attention s'égare
à courir de tous les côtés !
Si tu n'insistes pas
pour te faire reconnaître
en tant de lieux,
nous ne saurons pas te voir
et nous oublierons même
la musique de ta Parole.

C'est pourquoi, montre-toi, Seigneur.
Montre-toi, afin qu'en te reconnaissant
aux quatre coins de chaque jour
nous puissions nous écrier avec joie
"C'est toi, Seigneur !"

CHAPITRE 39

L'ASCENSION

AU TEMPS DE JÉSUS

Pendant un certain temps, les amis de Jésus font l'expérience d'une présence nouvelle du Seigneur ressuscité. Mais cela ne dure pas indéfiniment. Après la présence, c'est la séparation, l'absence, l'attente du retour.

Les apôtres ont cependant toujours du mal à se débarrasser d'une idée : ils continuent à se demander si Jésus ne va quand même pas un jour rétablir le royaume d'Israël, chasser l'occupant romain, donner de bonnes places à ses amis fidèles. Ils doivent comprendre que la force que Jésus leur donne n'est pas celle d'une armée, mais celle de l'Esprit qui les aide à être ses témoins.

Ils savent maintenant que, Jésus parti, ce n'est pas fini, mais que cela commence pour eux. Il leur faut constamment passer du rêve à la réalité. Ils ne peuvent pas rester là à regarder le ciel. Ils sont envoyés pour annoncer ce qu'ils ont découvert. Jérusalem devient le point de départ de leur mission, jusqu'aux extrémités de la terre.

AU TEMPS DES ÉVANGILES

Luc a écrit deux livres : un Évangile et les Actes des Apôtres. Son Évangile se termine par "Jésus emporté au ciel" (Lc 24, 51). Les Actes des Apôtres commencent par le récit de "Jésus s'en allant au ciel" (Actes 1, 6-11). Dans l'Évangile, Jésus est présent avec son corps. Dans les Actes, il n'est plus présent corporellement. Il agit par son Esprit.

Le mystère du Ressuscité est exprimé de beaucoup de manières dans le Nouveau Testament : il est vivant, il s'est éveillé, il s'est levé... Luc veut nous montrer aussi que Jésus a été "glorifié" par Dieu : il est rentré dans la Gloire du Père.

Luc partage les idées de ses contemporains sur l'univers : pour eux la terre est plate. Le ciel est au-dessus. Ce ciel mystérieux est la demeure de Dieu. Il est donc tout à fait normal qu'il parle de l'entrée de Jésus dans la Gloire de Dieu comme d'une montée au ciel.

Luc est aussi le seul évangéliste à donner un calendrier des fêtes :"Après Pâques, Jésus s'est fait voir pendant 40 jours" (Actes 1, 3) à ses apôtres. Puis il les a quittés. Il leur a envoyé son Esprit, le jour de la

Pentecôte, 10 jours plus tard (50 jours après Pâques). Luc veut ainsi aider les chrétiens à revivre tous les ans les événements importants qui ont suivi la Mort et la Résurrection de Jésus :
- La Pâque juive (souvenir de la libération de l'Égypte) devient la fête de la Résurrection.
- Les 40 jours (un temps sacré) jusqu'à l'Ascension permettent de se souvenir de la présence du Ressuscité.
- Le 50e jour, la Pentecôte (fête juive de la moisson) devient la fête du don de l'Esprit-Saint.

LE TEXTE DES ACTES DES APÔTRES

6 Les apôtres réunis interrogeaient Jésus en disant : "Seigneur, est-ce maintenant le temps où tu rétablis le royaume pour Israël ?" 7 Il leur dit : "Ce n'est pas à vous de connaître les temps et les moments que mon Père a fixés de sa propre autorité. 8 Mais vous allez recevoir une force. L'Esprit-Saint viendra sur vous. Et vous serez mes témoins à Jérusalem, dans toute la Judée et la Samarie et jusqu'aux extrémités de la terre."

9 Après ces paroles, tandis qu'ils regardaient, Jésus fut élevé et une nuée le cacha à leurs yeux. 10 Comme ils fixaient encore le ciel tandis qu'il s'en allait, voici que deux hommes en blanc se tenaient devant eux.

11 Ils dirent : "Hommes de Galilée, pourquoi restez-vous là à regarder le ciel ? Ce Jésus qui vous a été enlevé vers le ciel viendra de la même manière que vous l'avez vu s'en aller vers le ciel."

12 Ils quittèrent alors la colline appelée "Mont des Oliviers" et retournèrent à Jérusalem.

Actes des Apôtres,
chapitre 1, versets 6 à 12.

POUR MIEUX COMPRENDRE CE TEXTE

1. Dans ce texte, Luc parle du Dieu Père, Fils (Jésus, le Seigneur) et Saint-Esprit. Regardez ce qui y est dit de chacune de ces personnes.

2. Ce récit parle de messagers qui aident les hommes à comprendre le sens de ce qui se passe. En connaissez-vous d'autres ? Regardez page 31. et page 205.

3. Cherchez dans le lexique le sens des mots suivants : nuée, ciel, blanc, quarante.

CHAPITRE 39

L'ASCENSION

Sur la terre

Ce n'est pas en cherchant refuge auprès de Dieu comme dans une douce et pure chaleur, ni en se désintéressant de l'existence des hommes et des femmes sous prétexte qu'il est plus important de s'occuper de Dieu, ni en se détournant de tout ce qui se passe sur la terre par peur du mal qui risque de salir, qu'on est disciple de Jésus ! Ne serait-ce pas une fuite de lâche ? Ce n'est pas en se rapprochant de plus en plus du ciel qu'on devient chrétien ! C'est en se tournant vers la terre et ses habitants ! N'est-ce pas là que Jésus le Christ est venu prendre chair, s'incarner, vivre, mourir et ressusciter ? Désormais, le chemin vers Dieu et sa gloire passe par la terre humaine.

Témoins

Avec le départ de Jésus, les apôtres deviennent responsables de la mission de Jésus-Christ ! Révéler l'amour de Dieu au monde, proposer au monde la beauté de Dieu. À eux et à tous ceux qui croient en lui, le Christ confie de prendre la relève. Sur la terre où vivent les hommes et les femmes, il leur revient d'annoncer ce qu'ils ont vu et entendu du Fils de Dieu : leur rôle est d'être "témoins". À partir de maintenant la Bonne Nouvelle est déposée dans leur cœur, dans leur bouche, entre leurs mains. À eux de la faire fructifier ! Être témoin est un travail permanent, non une distinction honorifique ! Être chrétien-témoin est pressant, car en tous lieux et de toutes manières, le bonheur d'une vie renouvelée par l'Évangile est à semer sans relâche. Le mot "chrétien" vient du mot "Christ" ; les "chrétiens ne sont-ils pas d'autres Christ", animés par son Esprit, chargés de répandre l'immense tendresse du Christ Jésus pour les vivants de la terre ? Même s'ils doivent, pour cela, donner tout ce qu'ils ont, tout ce qu'ils sont, tout ce qu'ils savent ? À l'image du Christ, Fils de Dieu ?

La célébration des fêtes

Témoins : quelle œuvre extraordinaire, mais difficile aussi ! Sans arrêt les témoins doivent rafraîchir leur foi. C'est pourquoi ils ne peuvent se passer de la célébration, en Église, des fêtes où l'on fait mémoire des actes et des paroles de Jésus-Christ. Non pour se rappeler de vieux souvenirs, mais pour se rendre compte que Jésus-Christ continue à libérer et à aimer le monde de ce temps. À chaque fois, c'est comme si les chrétiens retournaient à la source ! À chaque fois, le Seigneur Jésus vient lui-même manifester son amour et sa joie d'ouvrir la demeure de son Père à tous les enfants de la terre. À chaque fois, l'Esprit Saint transforme les chrétiens et les chrétiennes davantage en témoins !

SEIGNEUR

*Plus grand que la lèpre
qui use les corps et les cœurs,
Plus grand que le mépris
qui juge sans pitié,
Plus grand que le péché
qui s'empare de nous,
Amour plus vaste
que le ciel et la terre :
Jésus, Christ, Seigneur !*

*Plus grand que l'égoïsme
qui appelle à tout garder pour soi,
Plus grand que la haine
qui cloue les vivants sur la croix,
Plus grand que la mort
qui impose sa peur aux vivants,
Vie plus forte
que la nuit et le tombeau :
Jésus, Christ, Seigneur !*

*Avec joie nous voici, tes amis,
pour rassasier les affamés de justice,
pour partager avec les pauvres,
pour déployer notre miséricorde,
pour relever les affligés,
pour établir la vérité,
pour construire une terre
de paix et de tendresse !*

*Nous voici, Seigneur, Christ Jésus,
pour annoncer ainsi ton Nom
dans nos villes et nos villages
à tous les enfants de la terre !*

CHAPITRE 40
LA PENTECÔTE

AU TEMPS DE JÉSUS

AU TEMPS DES ÉVANGILES

Jérusalem est le centre de la religion des Juifs. Ceux-ci ne vivent pas seulement en Palestine. Ils sont dispersés dans de nombreux pays autour de la mer Méditerranée et jusque vers l'Inde et le sud de l'Égypte.

Certains d'entre eux, très pieux et assez riches, viennent s'installer dans la capitale pour y terminer leurs jours. D'autres, plus nombreux, s'y rendent en pèlerinage pour les fêtes. À Pâques, ils célèbrent le commencement de la moisson et le souvenir de la libération de l'esclavage en Égypte. À la Pentecôte, ils célèbrent la fin de la moisson et le souvenir du don de la Loi, par Dieu, à Moïse au Mont Sinaï. Une foule cosmopolite remplit alors les rues de la capitale.

De son vivant, Jésus avait laissé entendre qu'après lui, il faudrait continuer. Ce ne serait pas facile. Mais il donnerait à ses amis la force de son Esprit. Cinquante jours séparent la Pâque (qui suivit la mort de Jésus) de la Pentecôte. Sept semaines, pendant lesquelles les apôtres et leurs amis peuvent se ressaisir. Ils ne baissent pas les bras. Avec la force de l'Esprit, ils iront jusqu'au bout du monde.

Le récit de la Pentecôte ne fait plus partie de l'Évangile, mais du deuxième livre de Luc, les Actes des Apôtres. Il y raconte comment ceux qui avaient suivi Jésus ont continué son action à Jérusalem, en Palestine et jusqu'au bout du monde. Il est persuadé que c'est l'Esprit de Jésus et de Dieu qui leur en a donné la force. Cet Esprit agit comme un vent violent qui pénètre partout, comme un feu qui réchauffe les cœurs, comme une puissance qui fait tomber les barrières des races et des langues.

Quand Luc écrit ces pages, environ 50 ans après la mort de Jésus, les apôtres - dont certains ne parlent que le dialecte galiléen - ont réussi à aller jusqu'au bout du monde. La Pentecôte est le début de cet éclatement qui doit unir tous les hommes.

LA
PENTECÔTE

LE TEXTE DE
L'ÉVANGILE

¹ Quand arriva le jour de la Pentecôte, ils étaient réunis tous ensemble dans un même lieu. ² Et tout à coup vint du ciel un bruit comme le souffle d'un vent violent. Il remplit toute la maison où ils étaient assis. ³ Alors leur apparurent des langues, comme de feu. Elles se séparèrent et se posèrent sur chacun d'eux. ⁴ Ils furent tous remplis d'Esprit Saint. Ils commençaient à parler en d'autres langues comme l'Esprit leur donnait de s'exprimer.

⁵ Or, il y avait, habitant à Jérusalem, des Juifs, des hommes pieux, venus de toutes les nations qui sont sous le ciel. ⁶ Au bruit de cette voix, la foule se rassembla. Elle était stupéfaite, parce que chacun les entendait parler dans son propre dialecte. ⁷ Ils étaient hors d'eux-mêmes. Ils s'étonnaient en disant :

"Tous ceux qui parlent ne sont-ils pas des Galiléens ? 8 Comment cela se fait-il que nous les entendions chacun dans notre propre dialecte, celui dans lequel nous sommes nés ?

9 Parthes, Mèdes, Élamites, habitants de la Mésopotamie, de Judée, de Cappadoce, du Pont et de l'Asie, 10 de Phrygie et de Pamphylie, d'Égypte et de la région de la Libye voisine de Cyrène ainsi que les Romains résidant ici, 11 Juifs et prosélytes, Crétois et Arabes, nous les entendons proclamer dans nos langues les merveilles de Dieu."

12 Tous étaient hors d'eux-mêmes et perplexes. Ils se disaient les uns aux autres : "Qu'est-ce que cela peut bien être ?" 13 Mais d'autres se moquaient et disaient : "Ils sont pleins de vin doux !"

14 Alors Pierre, debout avec les Onze, éleva la voix et leur adressa ces paroles :
"... 15 Non ces gens ne sont pas ivres comme vous le supposez. 16 Mais il s'agit ici de ce qui a été dit par le prophète Joël : 17 *Il arrivera dans les derniers jours, dit Dieu, que je répandrai mon Esprit sur toute chair.*"

Actes des Apôtres,
chapitre 2, versets 1 à 17.

POUR MIEUX COMPRENDRE CE TEXTE

1. Cherchez sur la carte de l'Empire romain les différents peuples qui sont présents à Jérusalem à la Pentecôte.

2. Dans ce texte, le mot "langue" a deux sens, lesquels ?

3. Quelles sont les différentes interprétations de l'événement données dans le texte ? Regardez dans les versets 12 à 17.

4. Connaissez-vous d'autres textes de la Bible où l'on prend les images du vent et du feu pour montrer l'action de Dieu ?

**VIVRE
AUJOURD'HUI**

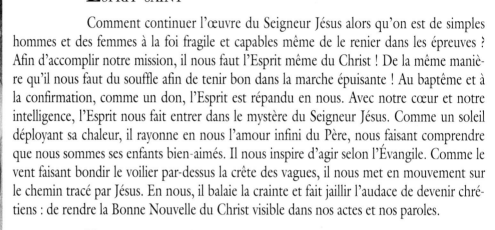

Esprit saint

Comment continuer l'œuvre du Seigneur Jésus alors qu'on est de simples hommes et des femmes à la foi fragile et capables même de le renier dans les épreuves ? Afin d'accomplir notre mission, il nous faut l'Esprit même du Christ ! De la même manière qu'il nous faut du souffle afin de tenir bon dans la marche épuisante ! Au baptême et à la confirmation, comme un don, l'Esprit est répandu en nous. Avec notre cœur et notre intelligence, l'Esprit nous fait entrer dans le mystère du Seigneur Jésus. Comme un soleil déployant sa chaleur, il rayonne en nous l'amour infini du Père, nous faisant comprendre que nous sommes ses enfants bien-aimés. Il nous inspire d'agir selon l'Évangile. Comme le vent faisant bondir le voilier par-dessus la crête des vagues, il nous met en mouvement sur le chemin tracé par Jésus. En nous, il balaie la crainte et fait jaillir l'audace de devenir chrétiens : de rendre la Bonne Nouvelle du Christ visible dans nos actes et nos paroles.

La fin des barrières

Tant de barrières séparent les êtres humains : pauvreté, incompréhension, richesse, orgueil, races, langues, religions, préjugés, nations... Les séparations amènent les hommes à se considérer les uns les autres comme des concurrents dont il faut se méfier ou des ennemis à combattre. Les barrières proviennent du cœur des hommes et des femmes où le mal fait régner le plaisir de diviser !

L'Esprit Saint fait voler en éclats séparations et divisions. C'est un monde nouveau, qui commence. Avec lui, les hommes et les femmes ne sont plus des concurrents mais des frères et des sœurs appelés à vivre ensemble dans le respect et la compréhension réciproques. Sous l'action de l'Esprit Saint, le projet de Dieu se réalise si les hommes acceptent de se placer sous son souffle puissant : réunir ses enfants en une seule famille où tous puissent goûter et vivre de son amour.

L'Église

Tous ceux et celles qui accueillent l'amour du Père, qui décident de pratiquer l'Évangile du Christ en se laissant guider par l'Esprit Saint, forment l'Église répandue à travers le monde entier. Son travail consiste à faire résonner partout la Parole du Christ afin qu'elle puisse être reçue par tous ceux et celles qui sont en attente de Bonne Nouvelle. À travers ses décisions, ses annonces, ses membres et ses attitudes, tous les enfants de la terre doivent recevoir les merveilles de Dieu. L'Esprit Saint demeure avec elle pour l'aider à être sainte afin qu'à travers elle, on puisse voir et toucher l'infinie tendresse de Dieu ! Amis, l'Église, c'est nous !

VIENS !

Viens, Esprit Saint !
Viens nous donner la douceur
et nous pourrons tendre la main
au lieu de juger et condamner !

Viens, Esprit de Dieu,
viens nous donner la joie
et nous pourrons distribuer la fête
à ceux qui ont perdu l'espoir !

Viens, Esprit Saint,
viens nous donner la confiance
et nous pourrons tenir
en plein milieu de la peur,
puisque Dieu est notre fidèle ami !

Viens, Esprit de Dieu,
viens nous donner la paix
et nous pourrons construire des ponts
entre tous les hommes.
Viens, Esprit de Dieu,
viens nous donner le courage
et nous pourrons réaliser des actes
à la manière de Jésus-Christ !

Viens, Esprit de Dieu,
viens nous donner l'attention
et nous pourrons vivre,
l'esprit et le cœur ouverts
au soleil de la Parole de Jésus !

Viens, Esprit Saint,
viens sur notre terre,
viens souffler dans la vie des vivants
la Bonne Nouvelle de Jésus Christ !
Viens, Esprit de Dieu,
viens sur notre terre,
viens faire danser dans le cœur
des vivants le feu de l'amour de Dieu !

JÉRUSALEM AU TEMPS DE JÉSUS

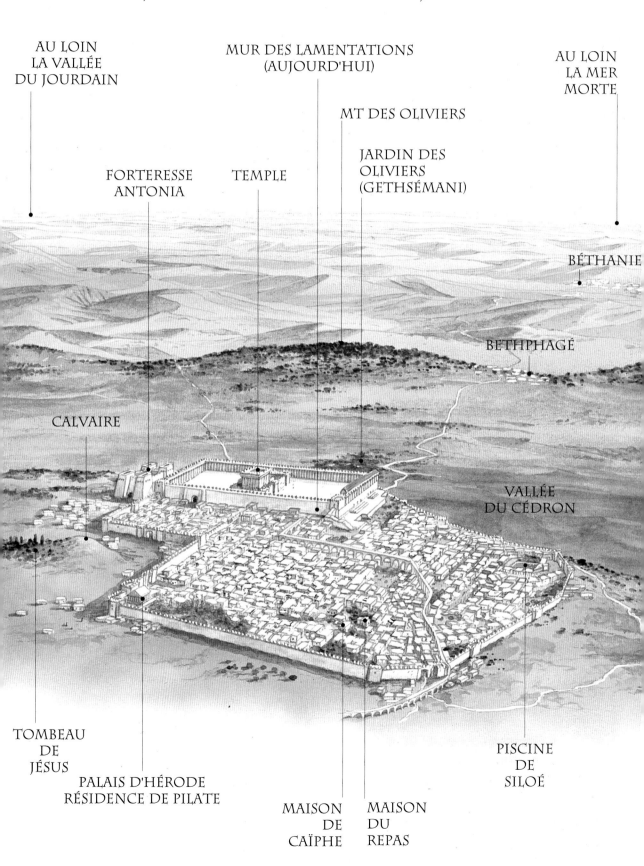

AU LOIN
LA VALLÉE
DU JOURDAIN

MUR DES LAMENTATIONS
(AUJOURD'HUI)

AU LOIN
LA MER
MORTE

MT DES OLIVIERS

FORTERESSE
ANTONIA

TEMPLE

JARDIN DES
OLIVIERS
(GETHSÉMANI)

BÉTHANIE

BETHPHAGÉ

CALVAIRE

VALLÉE
DU CÉDRON

TOMBEAU
DE
JÉSUS

PISCINE
DE
SILOÉ

PALAIS D'HÉRODE
RÉSIDENCE DE PILATE

MAISON
DE
CAÏPHE

MAISON
DU
REPAS

Les mots

LEXIQUE

A

ABBA

Mot araméen, la langue parlée par Jésus, qui signifie "O père, mon père" ou même "papa". Jésus s'adresse à Dieu par ce mot (Mc 14, 36). Les chrétiens peuvent également prier "Abba ! Père !" (Rm 8, 15)

ABRAHAM

Chef de clan nomade du 19ᵉ siècle avant J.C. Il est regardé comme l'ancêtre du peuple de la Bible. Il devient le père des croyants juifs, chrétiens et musulmans. À partir de Jésus, tous les hommes sont appelés à devenir "fils d'Abraham".

ADORER

Aujourd'hui ce mot signifie surtout "aimer avec passion". Dans la Bible, adorer c'est prier, rendre un culte, vénérer quelqu'un : Dieu, l'empereur, un homme. Jésus est clair : "Il est écrit : Le Seigneur ton Dieu tu adoreras. C'est à lui seul que tu rendras un culte" (Mt 4, 10).

AGNEAU

Les anciens Hébreux étaient nomades. Ils élevaient des agneaux. Au moment de leur libération de l'Égypte, chaque famille immola et mangea un agneau. C'était l'agneau de la Pâque, l'agneau pascal. Par la suite, les Israélites refont les mêmes gestes tous les ans à Pâques. Ils se souviennent de leur libération. Pour les chrétiens Jésus est le véritable agneau pascal, parce qu'il rachète tous les hommes par le prix de son sang.

ALLIANCE

Ce mot désigne à travers la Bible le lien d'amour fidèle entre Dieu et son peuple. Le signe de l'Alliance était le sang des animaux offerts en sacrifice. Il est remplacé par le sang de Jésus. C'est l'Alliance nouvelle de Dieu avec toute l'Humanité (Mt 26, 28). Dans l'Ancien Testament se trouvent les livres de la Première Alliance. Dans le Nouveau Testament se trouvent les livres de la Nouvelle Alliance.

AMEN

Mot hébreu signifiant "en vérité" ou "vraiment". Dans les Évangiles, il indique souvent que l'auteur veut interpeller son auditoire. Il deviendra une acclamation terminant les prières chrétiennes.

ANCIENS

Dans l'Ancien Testament, les anciens sont des hommes avancés en âge. Ils détiennent l'autorité

dans les villages ou les clans. Au temps de Jésus, ils représentent les chefs de la communauté juive, dans la synagogue. À Jérusalem, ils font partie du grand conseil, du Sanhédrin. Après Jésus-Christ, dans l'Église naissante, les anciens sont les responsables des communautés chrétiennes.

ANDRÉ

Pêcheur habitant Capharnaüm. Il est avec Simon-Pierre un des premiers apôtres de Jésus.

ÂNE

C'est une monture très utilisée dans l'antiquité. Elle est remplacée par le cheval comme monture de guerre. Le Messie, roi de la paix, doit venir sur un âne (Za 9, 9). Jésus utilise un âne pour entrer solennellement à Jérusalem alors que beaucoup attendent un Messie guerrier (Mc 11, 2).

ANGE

Dans la Bible, les anges sont regardés comme des messagers de Dieu. Ils font connaître sa volonté. L'ange Gabriel annonce à Marie qu'elle sera la mère de Jésus (Lc 1, 26-38). Aujourd'hui nous ne voyons jamais d'apparitions d'anges. Mais nous pouvons toujours découvrir ce que Dieu nous demande, par la lecture de la Bible, la prière et la réflexion, l'at-tention aux autres, le regard sur ce qui se passe dans le monde.

ANNÉE D'ACCUEIL

Cette expression désigne l'année jubilaire ou l'année de grâce. D'après la loi juive, chaque cinquantième année est spéciale. Elle vient après sept semaines d'année : 7 années x 7 = 49 + 1. À cette occasion, il faut laisser la terre se reposer, libérer les esclaves, remettre les dettes et permettre à chacun de récupérer sa propriété perdue. À Nazareth, Jésus annonce que l'année jubilaire c'est maintenant (Lc 4, 19). Les uns se réjouissent, surtout les pauvres. Ils ont tout à gagner. Les autres se fâchent, surtout les riches. Ils veulent tuer Jésus. Ils ont tout à perdre.

APÔTRE

Ce mot signifie "envoyé". Dans l'Évangile, les douze apôtres sont appelés et envoyés par Jésus. Par la suite, on regardera comme apôtres ceux qui sont envoyés par les églises pour porter la Bonne Nouvelle. Paul est l'apôtre des nations. Aujourd'hui tout chrétien devrait pouvoir être appelé apôtre.

AZYMES

Pains plats cuits sans levain. On peut les préparer rapidement. Ils rappellent la nourriture prise à la hâte par les Hébreux avant de sortir de l'Égypte. L'année 30, la fête des azymes dure la semaine, du 15 au 21 nizan. On écarte de la maison toute trace de levain. La fermentation est regardée comme quelque chose d'impur. On ne mange que du pain azyme, du pain sans levain. La fête de la Pâque a lieu au début de cette semaine, le 15 nizan.

B

BAPTÊME

En grec, le mot baptiser signifie immerger, plonger dans l'eau. L'eau lave. Elle purifie. Au temps de Jésus, les gens se font baptiser par Jean-Baptiste. La purification du corps signifie la conversion du cœur. Jésus parle du baptême dans l'eau et dans l'Esprit. Pour les chrétiens, le baptême signifie l'entrée dans l'Église et l'union à Jésus-Christ.

BÉATITUDE

Formule fréquente dans la Bible et commençant par le mot "Heureux". Elle félicite pour un bienfait reçu par Dieu. Elle annonce le bonheur pour l'avenir. Matthieu et Luc rapportent les béatitudes prononcées par Jésus : "Heureux vous les pauvres, car le Royaume de Dieu est à vous" (Lc 6, 20 ; Mt. 5, 3).

BERGERS

Les bergers gardent les troupeaux de moutons et de chèvres. Ils les conduisent aux pâturages et aux points d'eau. Ils les défendent contre les animaux sauvages et les voleurs. Dans la Bible, les chefs du peuple sont souvent comparés à des bergers. Certains sont bons, d'autres mauvais. L'Évangile présente Jésus comme le bon berger qui connaît ses brebis et qui sacrifie sa vie pour eux (Jn 10, 11).

BETHLÉEM

En hébreu : la maison (beth) du pain (lehem). Ville située à 7 km au sud de Jérusalem dans les monts de Juda. Lieu de la naissance du roi David (vers 1035 avant J.-C.). Selon Matthieu, Luc et Jean, Jésus est né à Bethléem.

BLANC

La couleur blanche signifie l'innocence, la joie, la gloire du ciel, la lumière de Dieu. Dans l'Évangile les messagers de Dieu sont vêtus de blanc (Mc 16, 6 ; Ac 1, 10).
Les premiers chrétiens sont appelés à revêtir l'habit blanc après leur baptême. Cela signifie qu'ils sont purifiés, qu'ils vivent avec Jésus-Christ (Ap 3, 18).

BLASPHÈME

Blasphémer, c'est prononcer des paroles ou des actes qui injurient et offensent Dieu. Selon Matthieu, Jésus est condamné parce qu'il a blasphémé en disant qu'il va "siéger à la droite de Dieu" (Mt 26, 64-66).

C

CALVAIRE

Monticule en forme de crâne chauve, d'où le nom d'origine latine Calvaire (comme calvitie). En grec et en araméen : Golgotha. Lieu situé hors des remparts de Jérusalem et destiné aux exécutions des condamnés à mort. Il est proche d'un cimetière. Jésus est crucifié au Calvaire et enseveli non loin de là. Aujourd'hui, l'église du Saint-Sépulcre recouvre ces lieux.

CANA

Ville de Galilée sur la route de Nazareth à Tibériade. Selon Jean, Jésus y fait son premier miracle, l'eau changée en vin lors d'un mariage (Jn 2, 1-11).

CAPHARNAÜM

Une des nombreuses bourgades au bord du lac de Tibériade. Village frontière avec un poste de douane, des soldats romains. Village de pêcheurs, la belle-mère de Pierre y habite. Jésus se rend à Capharnaüm. Il y guérit des malades. Il en fait pour un temps le centre de son activité.

CHEFS DES PRÊTRES

Ce sont des prêtres du Temple ayant des responsabilités importantes : le grand prêtre, les anciens grands prêtres, les chefs de la police du Temple, les trésoriers du Temple, les chefs des groupes de prêtres. Ils ont une grande influence au Sanhédrin (le Grand Conseil). Ils en veulent à Jésus qui remet en cause leur autorité.

CHRÉTIENS

On appelle chrétiens ceux qui suivent le Christ et mettent son enseignement en pratique et vivent avec lui. Au temps des Évangiles, on distingue entre les chrétiens qui sont d'anciens Juifs (les judéo-chrétiens) et ceux qui viennent directement du monde non juif, païen (les pagano-chrétiens). Ils doivent apprendre à vivre ensemble et à respecter leurs différences.

CHRIST

Le peuple de la Bible attend un sauveur promis par Dieu, le Messie (en hébreu), ou le Christ (en grec). Lorsque les disciples de Jésus reconnaissent en lui le Sauveur promis, ils l'appellent : "Jésus le Christ". Très vite on laisse tomber l'article. Christ devient le deuxième nom de Jésus qu'on nomme "Jésus-Christ".

CIEUX, CIEL

Au temps de la Bible, les gens pensent que la terre est plate. Le ciel est en haut. C'est la demeure de Dieu. Pour respecter le nom de Dieu, on utilise souvent "Cieux" au lieu de "Dieu". L'Évangile parle du Royaume des Cieux et du Royaume de Dieu.

CIRCONCISION

La circoncision consiste à couper le prépuce d'un enfant mâle. Pour les Juifs, ce rite est un signe de l'Alliance entre Dieu et Israël. Jésus est circoncis huit jours après sa naissance (Lc 2, 21). Quand beaucoup de païens commencent à devenir chrétiens, Paul lutte pour que la circoncision ne leur soit pas imposée. Il a gain de cause lors de l'assemblée de Jérusalem en l'année 49 (Act 15, 1-35).

COLOMBE

C'est le seul oiseau qui peut être offert en sacrifice. Les riches offrent des moutons, des chèvres, des bœufs. Les pauvres offrent une paire de colombes. C'est ce que font Joseph et Marie après la naissance de Jésus (Lc 2, 24). La colombe a aussi un sens figuré. Elle représente l'Esprit de Dieu qui planait sur les eaux au début de la création du monde. L'Évangile utilise cette image pour montrer que l'Esprit vient sur Jésus au moment de son baptême (Mt 3, 16).

CONVERSION

Se convertir signifie deux choses. D'abord changer de route, retourner, revenir vers Dieu et les autres. Ensuite, changer de mentalité, se repentir, se faire un cœur nouveau. A la suite des prophètes, Jean-Baptiste, Jésus, les apôtres appellent les hommes "à se repentir et à revenir vers Dieu" (Act 26, 20).

D

DAVID

Le plus grand roi d'Israël. Né à Bethléem. Il règne de -1004 à -965. Son souvenir reste très vif à travers l'histoire du peuple de la Bible. Aux moments difficiles, on espère retrouver un nouveau royaume de David. Lors de l'occupation romaine, beaucoup regardent Jésus comme "fils de David".

DÉMON

Dans l'antiquité, on regarde les démons comme des génies qui influencent la vie des humains. Au temps de Jésus, il s'agit d'esprits du mal opposés à Dieu. Le diable est considéré comme le chef des démons (Mt 25, 41). L'Evangile présente Jésus comme supérieur aux démons. Il leur commande de se taire. Il les expulse des possédés (Mc 1, 23-27). Voir SATAN.

DÉSERT

Le désert est un lieu aride, désolé. La vie y est très dure. La Palestine est bordée de déserts à l'est et au sud. Dans la Bible, le désert est un lieu d'épreuve, hanté par des êtres effrayants. Il est aussi un lieu où l'on peut rencontrer Dieu comme l'ont fait Moïse et Élie. Il est normal que Jésus prenne un temps au désert pour réfléchir avant de commencer son action. (Mt 4, 1-11).

DIABLE

voir DÉMON et SATAN

DIACRE

Les sept diacres sont choisis par les douze apôtres pour les aider dans le soutien aux pauvres et le soin des malades. (Act. 6, 1-7). On connaît le nom de deux d'entre eux : Étienne le premier martyr (Act 7, 2-53) et Philippe qui annonce la Bonne nouvelle en Samarie et à un Éthiopien (Act 8, 26-40).

DIASPORA

Mot d'origine grecque qui signifie "dispersion". Au temps de Jésus, environ 4 millions de Juifs vivent hors de Palestine dispersés dans les villes de l'Empire romain. Ils restent reliés à Jérusalem. Ils lisent les écrits de l'Ancien Testament. Lors de ses voyages, Paul s'adresse en priorité aux Juifs de la dispersion.

DISCIPLE

Le disciple est celui qui se met à l'école d'un maître ou rabbi. Jean-Baptiste, Jésus et Paul ont des disciples. L'Évangile parle de 70 (ou 72) disciples de Jésus, ainsi que des femmes qui le suivent. Dans la suite, on regarde comme disciples tous ceux qui essayent de vivre comme Jésus (Act 6, 1).

DOCTEUR DE LA LOI

voir SCRIBES

DOUZE

Nombre fréquent dans la Bible. Il signifie la totalité. Les 12 tribus d'Israël, c'est tout Israël. Jésus choisit 12 apôtres. Ils sont les chefs de l'Israël nouveau. L'Évangile les appelle les "Douze". Judas, disparu, est remplacé par Matthias afin qu'il y ait toujours 12 apôtres (Act 1, 12-26). Dans une vision d'avenir, Jésus parle des "Douze assis sur des trônes pour juger les douze tribus d'Israël" (Mt 19, 28).

E

EAU

L'eau est nécessaire à la vie. Sans eau la terre ne produit pas de fruits. L'eau sert à se laver, à se

purifier. Dans la vie de Jésus et au temps des Évangiles, l'eau est utilisée pour les purifications et pour le baptême. Elle est le signe de la vie de Dieu en l'homme, "comme une source jaillissante d'eau vive" (Jn 4, 14).

ÉCRITURE

Dans le Nouveau Testament on appelle "Écriture" les textes de l'Ancien Testament existant au temps de Jésus. Il s'agit de l'histoire des origines, de la Loi de Moïse, des écrits de prophètes et de sages, des prières comme les Psaumes. Ces textes sont lus dans les synagogues. Ils sont regardés comme la tradition du peuple et la Parole de Dieu.

ÉLIE

Nom d'un prophète signifiant "Yahvé est Dieu". Il vit en Israël au 9e siècle avant Jésus-Christ. Il intervient pour défendre l'honneur de Dieu contre les idoles (les Baals) et pour rétablir la justice. Il disparaît mystérieusement, d'après la tradition sur un char de feu. C'est pourquoi - au temps de Jésus- on attend son retour. Jean-Baptiste est regardé comme le nouvel Élie. Les Évangiles présentent Jésus en compagnie de Moïse et d'Élie lors de la Transfiguration. Ils veulent montrer que, par Jésus, c'est bien la même histoire sainte

qui continue (Mc 9, 2-10).

EN VÉRITÉ
voir AMEN

ENCENS

Résine précieuse importée d'Arabie. On l'utilise pour fabriquer les parfums brûlés chaque jour au Temple en l'honneur de Dieu. Matthieu signale l'encens parmi les cadeaux apportés par les mages à Jésus (Mt 2, 11). L'encens est un cadeau offert à Dieu.

ESPRIT SAINT

L'esprit c'est le souffle, le vent. La Bible parle de l'Esprit de Dieu. Il est créateur. Il donne la vie. Le Nouveau Testament parle de l'Esprit Saint. Il est à l'œuvre dans Jésus. Il agit dans le chrétien et l'Église. Le récit de la Pentecôte décrit de façon solennelle le début de l'action de l'Esprit Saint dans l'Église qui naît (Act 2, 1-12).

ESSÉNIENS

Mouvement religieux juif. Les Esséniens sont environ 4 000. Ils vivent en communauté dans les villages ou dans des monastères. En 1947, on a découvert 600 manuscrits dans des grottes au bord de la mer Morte. Il s'agit de la bibliothèque du couvent essénien de Qumran. Les Esséniens se

considèrent comme le vrai Israël. Ils s'opposent aux prêtres de Jérusalem. Ils attendent la lutte finale entre les fils de la lumière et les fils des ténèbres. Ils disparaissent en 68 lors de la guerre juive.

ÉTOILE

Dans l'antiquité, de nombreux peuples regardent les étoiles comme des dieux. Pour la Bible, les étoiles sont des créatures de Dieu. Elles témoignent de sa grandeur. Elles sont au service de l'homme. L'image de l'étoile est utilisée pour désigner les 12 tribus d'Israël et la venue du Messie. C'est une étoile qui indique la route aux mages d'Orient (Mt 2, 1-12).

ÉVANGILE

Mot d'origine grecque qui signifie "bonne nouvelle". Dans l'empire romain, l'annonce d'une victoire ou d'une fête de l'empereur est une "bonne nouvelle", un évangile. Dans la Bible la bonne nouvelle est l'annonce du salut. Dieu vient au secours des hommes. Il vient les rendre heureux pour toujours. Jésus annonce la bonne nouvelle aux pauvres (Lc 4, 16-30). Les apôtres sont envoyés annoncer l'Évangile à toute créature (Mc 16, 15). Par la suite on appellera aussi "Évangiles" les quatre écrits qui racontent la vie, l'action et les paroles de Jésus :

les Évangiles de Matthieu, de Luc, de Marc et de Jean.

F

FEMME

Au temps de Jésus, la femme n'a qu'une place secondaire dans la société. Jésus guérit des femmes (Lc 13, 10-17). Il parle à la Samaritaine (Jn 4, 1-42). Il loge chez Marthe et Marie (Lc 10, 38-42). Des femmes le suivent sur les routes de Palestine (Lc 8, 1-3) jusqu'à la croix. (Mt 27, 55-56). Le mot "femme" évoque aussi celui d'Ève. Elle est à l'origine de l'Humanité. Dans le Nouveau Testament, Marie apparaît comme la nouvelle Ève. Elle est à l'origine de l'Humanité nouvelle. C'est pourquoi, dans l'Évangile de Jean, Jésus appelle sa mère "Femme" à Cana (Jn 2, 4) et sur la croix (Jn 19, 26).

FEU

Le feu est fascinant et dangereux. Il est lumineux, purificateur, insaisissable. Il peut brûler, détruire, consommer. La Bible utilise l'image du feu de deux manières : pour exprimer la destruction et le châtiment et pour suggérer le mystère de Dieu. Moïse découvre Dieu dans le feu. Au jour de la Pentecôte, le feu de l'Esprit donne aux apôtres la force de continuer l'œuvre de Jésus (Ac 2, 1-13).

FILS DE DAVID

Titre donné par les Juifs au Messie qu'ils attendent. Ils le regardent comme un descendant (un fils) et un successeur de David (un roi). Dans l'Évangile, les malades et la foule interpellent Jésus par ce titre (Mt 20, 30).

FILS DE DIEU

Lors de sa vie terrestre, Jésus s'adresse à Dieu comme à son père : "Abba" (Mc 14, 36). Après sa Mort et sa Résurrection, les apôtres comprennent mieux qu'il est le "Fils de Dieu". Il est beaucoup plus que le Messie attendu par le peuple. En Jésus, Dieu s'engage davantage qu'en envoyant quelqu'un d'autre que lui. Ils comprennent que Dieu peut dire à Jésus : "Tu es mon fils bien-aimé, en toi j'ai mis tout mon amour" (Mc 1, 11).

FILS DE L'HOMME

Cette expression peut signifier simplement "l'homme" ou "quelqu'un". Mais au temps de Jésus, elle évoque aussi une vision du prophète Daniel (vers -175) qui décrit la venue d'un Fils de l'homme à la fin des temps. Il vient sur les nuées du ciel pour sauver les siens lors du jugement. En parlant de soi-même, Jésus utilise l'expression

"Fils de l'homme" (ou Fils d'homme). Par la suite, les premiers chrétiens comprendront que Jésus est le Fils de l'homme qui doit venir lors du jugement final.

FOI

Au temps de Jésus la majorité des hommes sont croyants. Les Juifs croient que Dieu est le créateur du monde, qu'il a libéré son peuple de l'Égypte, qu'il est toujours prêt à intervenir.

Face à Jésus, les hommes doivent aller plus loin. Accepter la Bonne Nouvelle, c'est croire que Jésus le crucifié est le Fils de Dieu ressuscité d'entre les morts.

Aujourd'hui, beaucoup de choses que l'on expliquait dans le temps comme une intervention de Dieu s'expliquent par la science. Dieu n'intervient pas automatiquement. Il faut le redécouvrir. Aujourd'hui aussi nous sommes davantage libres de croire, de ne pas croire, de douter ou de chercher Dieu. Nous découvrons que la foi n'est pas un objet que l'on possède, que l'on jette ou que l'on perd, mais un chemin à suivre chaque jour.

FRACTION DU PAIN

Geste du père de famille brisant et partageant le pain pour les siens. Jésus partage le pain pour nourrir la foule qui le suit.

Le soir du Jeudi saint, se souvenant de la Pâque, pressentant sa mort, Jésus prit du pain, le rompit et le donna à ses disciples en disant "prenez et mangez, ceci est mon corps" (Mt 26, 26). Les premiers chrétiens se réunissent pour la fraction du pain (Act 20, 7). Ce geste est renouvelé à chaque Messe ou Eucharistie.

G

GABRIEL

"Dieu est ma force". Nom propre donné à un ange qui apparaît dans le Nouveau Testament comme messager de Dieu. Il annonce les naissances de Jean-Baptiste (Lc 1, 11-20) et de Jésus (Lc 1, 26-38).

GALILÉE

Région du nord d'Israël à l'ouest du lac de Tibériade. Le climat est agréable. Les gens sont enjoués et ont un accent bien connu. Située loin de Jérusalem, la région est ouverte sur les nations voisines. Elle est aussi un lieu où naissent les révoltes contre Rome. Jésus passe sa vie cachée en Galilée et y commence sa vie publique.

GLOIRE

Pour nous la gloire, c'est la renommée de quelqu'un. Dans la Bible, la gloire de Dieu c'est Dieu lui-même. Elle se manifeste par son action, dans la nature, dans l'histoire du peuple, dans l'envoi de son fils Jésus, dans sa résurrection. Les hommes peuvent découvrir quelques aspects de la gloire de Dieu. Ils sont appelés à y participer dès maintenant et à l'avenir.

GOLGOTHA
Voir CALVAIRE

GRÂCE

C'est le don gratuit de Dieu, l'expression de son Amour. Au sommet de la grâce, il y a le don de son fils Jésus. Chaque homme est appelé à accueillir ce don et à en vivre.

GRAND CONSEIL
Voir SANHEDRIN

GRAND PRÊTRE.

C'est le personnage le plus important de l'État juif. Il est le chef du peuple. Il préside le Grand Conseil (Sanhédrin). Il est le seul à pouvoir pénétrer une fois l'an dans l'endroit le plus mystérieux du Temple, regardé comme le lieu où Dieu réside : le Saint des Saints. Mais en réalité il est dépendant de Rome. L'empereur peut le nommer, le renvoyer, lui confisquer les habits, signes de sa charge. Les grands prêtres abusent souvent de leur pouvoir. Les familles de candidats rivalisent entre elles. Parfois la charge de grand prêtre est achetée à prix d'argent. L'Évangile parle de deux grands prêtres, Hanne et Caïphe. Ils ont une part importante dans la condamnation de Jésus.

H

HÉRODE

Membre d'une famille royale étrangère qui, grâce à Rome, a pris le pouvoir à Jérusalem. Le Nouveau Testament parle surtout de deux personnages : 1. Hérode le Grand. Il règne de -37 à -4. Personnage cruel et sanguinaire, il fait exécuter plusieurs membres de sa famille. Il est détesté et jaloux. L'Évangile garde de lui le souvenir du massacre des innocents (Mt 2, 16-18). Pour bien se faire voir des Juifs il entreprend la rénovation des constructions du temple. 2. Hérode Antipas, fils du premier. Il règne en Galilée de -4 à 39. Il fait exécuter Jean-Baptiste sur la demande de sa maîtresse Hérodiade (Mt 14, 3-13). Jésus le qualifie de "renard" (Lc 13, 32). Il est à Jérusalem lors du procès de Jésus qui comparaît aussi devant lui (Lc 23, 8-12).

HEURE

La journée est divisée en 12 heures. 6 h du matin : 1re heure. 9h du matin : 3e heure. 12 h : 6^e

heure, etc. jusqu'à 18 h : 12e heure. Mais le mot heure a aussi un sens plus profond. Il signifie le moment décidé par Dieu. L'Heure du Fils de l'Homme, c'est l'Heure de sa Mort et de sa Résurrection.

HOSANNA

"Viens à l'aide ! Donne le salut ! Sauve-nous donc !" Formule de prière et d'acclamation très ancienne. Le Nouveau Testament la rapporte lors de l'entrée joyeuse de Jésus à Jérusalem (Mt 21, 9).

I

IMPOSITION DES MAINS

Poser les mains sur quelqu'un pour le bénir, le guérir, lui donner l'Esprit, lui conférer une mission ou une fonction dans l'Église.

ISAÏE

Prophète de Jérusalem entre -740 et -700. Il est familier du Temple et du roi. Il a une haute idée de Dieu. Le livre d'Isaïe comporte deux parties essentielles. La première vient du prophète (chap. 1 à 39). La deuxième a été écrite par des gens qui pensent comme Isaïe deux siècles plus tard, au moment où le peuple revient de l'Exil. C'est de cette partie qu'est tiré le passage que Jésus lit à Nazareth (Lc 4, 18-19).

J

JACOB
Berger, petit fils d'Abraham, fils d'Isaac et de Rébecca, au 18ᵉ siècle avant J.-C. Appelé aussi Israël, il est regardé comme le père des ancêtres des douze tribus d'Israël. Tous les Israélites sont donc des "fils de Jacob", "des fils d'Israël" ou font partie de "la maison (famille) d'Israël".

JEAN
Son nom signifie "Dieu a fait grâce". Apôtre et Évangéliste. Voir page 21.

JEAN-BAPTISTE
Fils du prêtre Zacharie et d'Élisabeth la cousine de Marie, mère de Jésus. Après un séjour dans le désert, il appelle à la conversion et baptise sur les bords du Jourdain. Jésus se met à son école. Puis il prend le relais. Jean-Baptiste n'a fait que préparer sa route. D'où son nom de "précurseur". Il est exécuté par Hérode Antipas.

JÉRUSALEM
Capitale de la Judée. Ancienne ville royale depuis David. Centre religieux du judaïsme mondial avec le Temple qui est en pleine reconstruction au temps de Jésus. À chaque fête, notamment à la Pâque, des foules de pèlerins affluent vers la capitale. C'est aussi le siège des autorités religieuses et politiques juives. C'est là que l'affrontement de Jésus avec elles atteint son point culminant et aboutit à sa condamnation et à son exécution. À la fin de la guerre juive en l'année 70, la ville et le Temple sont totalement détruits par les armées romaines.

JOSEPH
Homme de la famille de David. Époux de Marie mère de Jésus. L'Évangile parle de lui dans les récits concernant l'enfance de Jésus. À ne confondre en aucun cas avec Joseph fils de Jacob, vendu par ses frères comme esclave quelque 17 siècles plus tôt.

JOURDAIN
Fleuve frontière à l'est de la Palestine. Il prend sa source aux pieds du mont Hermon. Il traverse le lac de Tibériade. Puis dans une vallée profonde, par de nombreux méandres, il descend jusqu'à -390 m pour se jeter dans la Mer Morte. Malgré de nombreux gués, il joue davantage le rôle de frontière que de trait d'union.

JUDAS
Nom fréquent au temps de Jésus. Judas Iskarioth (l'homme de Karioth) est un des douze apôtres. Il trahit Jésus et le vend aux grands prêtres pour 30 pièces d'argent. D'après l'Évangile, il redonne l'argent perçu aux prêtres et se suicide. Cet "argent du sang" servira à acheter un champ pour la sépulture des étrangers "le champ du sang", Hakeldama (Mt 27, 3-10).

JUDÉE
"Terre ravinée". Région montagneuse du sud de la Palestine. Le climat est chaud et aride. Villes importantes : Jérusalem la capitale ; Bethléem, la ville de David ; Hébron, lieu de séjour d'Abraham et Jéricho, la ville des palmiers.

JUIFS
Au temps de Jésus beaucoup de Juifs habitent la Palestine. D'autres sont éparpillés dans l'Empire romain. Mais tous se regardent comme faisant partie d'un même peuple. Ils considèrent Abraham, Isaac et Jacob (Israël) comme leurs ancêtres. Ils reconnaissent un même Dieu Yahvé. Ils lui rendent un culte au Temple de Jérusalem. Ils gardent le souvenir d'une histoire commune relatée dans les livres de la Bible que nous appelons l'Ancien Testament. Jésus, les apôtres et nombre de premiers chrétiens étaient des Juifs. Très rapidement, le message de Jésus dépasse les frontières du Judaïsme sans cependant perdre ses racines juives.

JUSTE, JUSTICE
Dans l'Évangile le juste est opposé au pécheur. On n'est pas

juste parce qu'on observe extérieurement les prescriptions de la Loi. On est juste parce qu'on pratique la justice à l'égard des autres, parce qu'on respecte leurs droits. On est juste parce qu'on accepte la justice de Dieu. Il juge chacun sur ses décisions profondes et sur ses actes. Il défend le pauvre écrasé par l'injustice. Il rend les hommes justes et les aide à vivre dans la justice.

L

LAC DE TIBÉRIADE

Ce lac est aussi appelé mer de Galilée ou lac de Gennesareth. Il est long de 21 km, large de 12 km et profond de 45 m. Il est traversé par le Jourdain et entouré de collines parfois sauvages. Sur le bord, des bourgades de pêcheurs. Jésus commence son action autour de ce lac. Les Évangiles y situent l'appel des premiers apôtres (Mc 1, 16-20), de nombreuses guérisons (Mc 1, 21-34), la tempête apaisée (Mt 8, 23-27), la multiplication des pains (Mc 6, 30-44), l'apparition du Ressuscité (Jn 21, 1-14).

LÉVITE

Membre de la tribu de Lévi. Ils sont 9 600 répartis en 24 sections. Ils sont employés au Temple comme musiciens, chantres, sacristains et portiers. Ils n'ont pas le droit de pénétrer dans les endroits réservés aux prêtres : le bâtiment du Temple et les abords de l'autel.

LOI

Ce mot désigne l'ensemble des commandements de Dieu donnés par Moïse à son peuple au Sinaï. Il désigne aussi les livres où ces préceptes sont contenus. Au temps de Jésus, beaucoup de Juifs sont devenus esclaves de cette Loi. Ils s'évertuent à en mettre en pratique tous les détails, et ils oublient d'aimer Dieu et leurs frères. L'Évangile réagit contre une telle attitude qui conduit à la mort et annonce la Loi de l'Esprit et de l'Amour.

LUC

Il écrit le 3e Évangile et les Actes des Apôtres, voir page 19.

M

MAGES

Noms donnés aux étrangers venus adorer Jésus enfant, selon Matthieu (2, 1-12). Il peut s'agir d'astrologues de Babylonie, d'Arabie ou de Perse. La Bible ne parle ni de leur nombre, ni de leur qualité de roi, ni de la couleur de leur peau, ni de leurs noms.

MALADIE

Au temps de Jésus, les malades sont considérés comme punis par Dieu, parfois même comme possédés par un démon. La guérison est regardée comme l'action de Dieu par l'intermédiaire de guérisseurs. L'Évangile montre Jésus refusant de voir dans la maladie une punition (Jn 9, 1-3), guérissant les malades et chassant les démons (Mc 5, 1-20).

MARC

Évangéliste, compagnon de Pierre. Voir page 18.

MARIE

Mère de Jésus. Elle est présente tout au long de sa vie, jusqu'à la croix. Voir page 193.

MATTHIEU

Il est aussi appelé Lévi (Mc 2, 13-17 ; Mt 9, 9-13). On lui attribue le premier Évangile. Voir page 20.

MIRACLE

Fait merveilleux dans lequel on reconnaît une intervention de Dieu. Au temps de Jésus, la foi dans les miracles est plus grande qu'aujourd'hui. L'Évangile rapporte de nombreux miracles de Jésus : exorcismes, guérisons de malades, actions sur la nature. Jésus refuse toujours de faire des miracles pour satisfaire la curiosité ou pour se vanter. Ses miracles sont des signes de l'amour de Dieu. Aujourd'hui on explique beaucoup d'événements qui paraissaient miraculeux par la science. Mais cela ne nous empêche pas de chercher des signes de l'amour et de l'action de Dieu dans la nature, l'histoire de l'humanité et dans notre vie.

MESSIE

Voir CHRIST

MOÏSE

Vers 1250 avant Jésus-Christ, Moïse conduit son peuple esclave en Égypte vers le désert et la liberté. Il lui donne une loi au nom de Dieu. À travers l'histoire, il restera le libérateur et le législateur d'Israël. L'Évangile nous présente Jésus conversant avec Moïse et Élie lors de la Transfiguration.(Mc 9, 2-10), Jésus ne vient pas abolir la loi de Moïse, mais l'accomplir (Mt 5, 17).

MYRRHE

Résine aromatique qui sert de parfum ou de baume. C'est un cadeau très apprécié. Elle fait partie des présents offerts par les mages à Jésus enfant.

N

NAZARETH

Village de Galilée. Jésus y passe la plus grande partie de sa vie. Voir pages 7 à 9.

NÉRON

Empereur romain de 54 à 68. Il est déséquilibré. Il rêve d'un ordre nouveau. Il aime et tue ceux qui sont autour de lui. Il se croit un grand poète. Il est accusé comme incendiaire lors du grand incendie de Rome en 64. Il détourne la responsabilité sur les chrétiens et déclenche ainsi la première persécution.

NUÉE

Dans le langage de la Bible, la nuée révèle et cache la présence de Dieu. On voit la nuée, donc on sait que Dieu est présent. On ne voit pas ce qu'elle contient, donc le mystère de Dieu reste voilé. On la trouve dans les récits de la Transfiguration (Mc 9, 2-10) et de l'Ascension de Jésus (Ac 1, 6-11).

O

ONCTION

Action de frotter avec de l'huile. Ce geste a souvent un sens religieux. On donne l'onction aux rois (le sacre des rois), à certains prophètes, au grand prêtre. Le mot "Messie" signifie celui qui a reçu l'onction. Voir CHRIST.

OR

L'or est utilisé pour les bijoux, les vases et la décoration du Temple et - tardivement - pour faire de la monnaie. L'or figure

parmi les cadeaux offerts par les mages à Jésus enfant. On lui offre de l'or comme à un roi.

P

PÂQUE, PÂQUES
Au temps de Jésus on fête la Pâque juive. C'est le souvenir de la sortie de l'Égypte. On mange des pains sans levain. On sacrifie et on mange l'agneau pascal. De nombreux pèlerins affluent à Jérusalem. Jésus a été exécuté la veille de cette fête. Pour les chrétiens la Pâque prend un sens nouveau. Ils n'oublient pas le souvenir de la libération d'Israël. Mais ils fêtent avant tout Jésus ressuscité d'entre les morts. Une libération qui concerne tous les hommes. C'est Pâques.

PARABOLE
Récit imagé qui a un sens caché. Jésus parle souvent en paraboles. Il prend des images. Il raconte des histoires : Le semeur jette le grain. La ménagère mélange de la levure à la pâte. Le fils quitte son père puis revient. Le Samaritain secourt un blessé. Aux auditeurs de trouver le sens caché : Le grain c'est la Parole de Dieu. Le Samaritain qui a le cœur sur la main, c'est notre prochain.

PAROLE DE DIEU
Le Dieu de la Bible est un Dieu qui communique avec les hommes. Il parle de mille manières. Il parle surtout par son fils Jésus, qui est la Parole vivante de Dieu (Jn 1, 1). L'Ancien et le Nouveau Testament nous montrent comment des hommes ont découvert, compris et accueilli cette Parole. Elle est comme une graine qui tombe sur différents terrains (Mc 4, 3-20).

PAUL
Pharisien converti. Il devient l'apôtre des nations. Voir page 16.

PAUVRES
Les pauvres sont nombreux au temps de Jésus. Qui sont-ils ? Des journaliers qui touchent une pièce par jour de travail, quand il y en a ; des paysans endettés dont certains doivent se vendre comme esclaves ; des veuves et des orphelins sans ressources, des mendiants, chômeurs, aveugles, estropiés qui foisonnent à Jérusalem et aux portes des villes. Ils sont souvent méprisés. On pense que Dieu ne les aime pas. Jésus, au contraire, va vers eux. Il leur parle, les guérit, les appelle à le suivre.

PÉCHEUR
Le pécheur, c'est celui qui fait le mal aux yeux de Dieu. Le péché est d'abord dans le cœur. Le pécheur est comme esclave de son

péché. Jésus ne vient pas le condamner, mais le libérer. Voir JUSTE

PENTECÔTE
Voir pages 223 à 227.

PERSÉCUTION
Jésus a été persécuté et mis à mort par la jalousie des chefs de son peuple et la lâcheté du pouvoir romain. Au début, les Romains regardent les chrétiens comme des Juifs. Ceux-ci considèrent les adeptes de Jésus comme une secte dangereuse. Ils lapident Étienne (Act.7,1-60). C'est sous l'empereur Néron que les chrétiens sont persécutés pour la première fois (voir NÉRON). Ils le seront de nouveau sous Domitien (81-96) parce qu'ils refusent de le reconnaître comme "Seigneur et Dieu". Quand on rédige les Évangiles, les chrétiens ont déjà fait l'expérience de la persécution. Ils se souviennent de Jésus. Ils comprennent mieux ce que cela veut dire "prendre sa croix et le suivre" (Mc 8, 34) ou "être persécutés pour la justice" (Mt 5, 10).

PHARISIENS
Ce sont des fanatiques de la loi. Ils s'appellent les séparés. Ils sont séparés des grands prêtres et du petit peuple qu'ils méprisent et qu'ils regardent comme impur. Ils ne sont que 6 000 environ. Mais ils ont une grande influence sur la popula-tion, les commerçants, les paysans, les artisans et même les prêtres. Ils leur expliquent comment faire pour appliquer la loi dans la vie de tous les jours. Jésus et les Évangiles sont très durs à leur égard. Ils leur reprochent de ne s'intéresser qu'à la loi et d'être hypocrites.

PIERRE
Il s'appelle d'abord Simon. Il est pêcheur sur les bords du lac de Galilée. Jésus l'appelle avec son frère André et lui donne le nom de Pierre, ce qui signifie "rocher". Chef des Douze, il suit Jésus avec enthousiasme. Cela ne l'empêche pas de s'endormir le soir de l'arrestation et de le renier. Pierre pleure amèrement. Témoin du ressuscité (Lc 24, 34), il annonce la Bonne Nouvelle. Confronté aux chrétiens d'origine païenne, il comprend qu'il n'est pas nécesaire pour eux d'observer la loi juive (Act 10, 1-48). Il meurt martyr à Rome en 64 ou 67. Une tradition dit qu'il a été crucifié la tête en bas.

PRÊTRES
À côté des grands prêtres et des chefs de prêtres, il y a les simples prêtres. Ils sont environ 7 200. Avec leurs femmes et leurs enfants ils représentent un dixième de la population du pays. Ils sont char-gés des cérémonies et des sacrifices du Temple. Ils interviennent par section, à tour de rôle. Ils reçoivent la dîme, un impôt prélevé pour eux. Mais souvent, cela ne leur suffit pas pour vivre et ils sont obligés d'exercer un autre métier.

PROPHÈTE
Le prophète, c'est quelqu'un qui parle au nom de Dieu. Il donne un sens à l'histoire humaine. Il appelle à se convertir. Israël a de grands prophètes : Isaïe, Jérémie, Ezéchiel, Daniel... Au temps de Jésus, on connaît leurs écrits et on les lit dans les synagogues. Jésus est parfois regardé comme un prophète par ses contemporains. Il ne refuse pas ce titre. Il continue la même lignée.

PSAUMES
Prières et chants contenus en grande partie dans le livre des Psaumes de la Bible. On les utilise pour la prière dans le Temple, dans les synagogues, en famille et personnellement. Ils permettent de s'adresser ensemble à Dieu et de se souvenir de ses bienfaits dans l'histoire du peuple. Aujourd'hui encore nous chantons les Psaumes.

PUBLICAINS
Employés travaillant pour les Romains. Ils sont chargés de collecter les impôts et de percevoir les

taxes de douane. Le taux est fixé par les autorités. Mais souvent ils demandent plus et gardent la différence pour eux. Ils sont riches et haïs par le peuple. On les considère comme des pécheurs. Jésus les fréquente. Certains, comme Zachée (Lc 19, 1-10) se convertissent. D'autres, comme Lévi (Mc 2, 13-17) se mettent à sa suite.

PURETÉ, PUR, IMPUR

Dans la religion juive, il faut être pur pour rencontrer Dieu. Cela signifie qu'il faut éviter de manger certains aliments, de toucher certains objets, de contracter certaines maladies, de désobéir à la loi. On peut se purifier par différents rites. Les prêtres sont chargés de distinguer entre le pur et l'impur et de déclarer quelqu'un pur. Une telle manière de voir et d'agir rend souvent les hommes esclaves de précautions minutieuses. Jésus réagit. Ce qui compte, ce n'est pas de laver l'extérieur du plat, mais ce qu'il y a dans le cœur de l'homme. Ce n'est pas ce qui rentre dans l'homme qui le souille, mais les actes mauvais qui sortent de son cœur (Mt 15, 19-20).

Q

QUARANTE

Dans la Bible, le nombre 40 a souvent un sens religieux. Il signifie un temps sacré. Un temps de marche vers Dieu. Israël reste 40 ans dans le désert avant d'entrer en terre promise. Élie marche 40 jours jusqu'à la montagne de Dieu. Jésus reste 40 jours dans le désert avant de commencer son action.

R

RABBI, RABBOUNI

Titre honorifique par lequel on s'adresse à un docteur de la loi. On peut traduire : "Maître !" ou "Mon maître !"

RÉSURRECTION

Ressusciter, c'est passer de la mort à la vie. Au temps de Jésus, beaucoup de gens croient la résurrection possible. L'Évangile parle de Jésus qui fait revivre les morts. Mais la Résurrection de Jésus est tout autre chose. Il ne s'agit pas de revenir à la vie d'avant. Il s'agit de traverser la mort pour une vie nouvelle.

RÉVÉLER

Mot qui signifie "enlever le voile". Dieu se révèle, c'est-à-dire Dieu se fait connaître. La Bible est le livre de la Révélation de Dieu. Grâce à elle, les hommes peuvent le chercher et le découvrir.

RICHES

Dans la Bible, la richesse est regardée comme une bénédiction

de Dieu. Au temps de Jésus, ce sont les riches qui ont le pouvoir en Palestine. Souvent les riches oppriment les pauvres. Depuis longtemps les prophètes dénoncent les injustices : "Vous écrasez la tête des petites gens" (Amos 2, 7). Jésus dit qu'il est difficile à un riche d'entrer dans le Royaume (Mt 19, 24).

ROYAUME

Israël garde un souvenir merveilleux du royaume de David. Mais depuis très longtemps, il n'y a plus de rois issus de cette famille. Beaucoup attendent tout d'un nouveau David. D'autres espèrent que Dieu lui-même viendra établir son royaume. Jésus parle beaucoup du Royaume de Dieu (ou des Cieux). Il rejoint ainsi ce que les gens espèrent profondément. Mais il ne définit pas le Royaume. Il le décrit avec des images. C'est comme une semence, comme un levain. Il dit qu'il est déjà commencé. Il annonce en même temps qu'il viendra à l'avenir.

S

SABBAT
Voir page 66.

SADDUCÉENS

Groupe de gens riches, conservateurs, influents, prêtres et laïcs. Beaucoup de chefs des prêtres en font partie. Les Sadducéens profitent de la présence romaine. Ils collaborent avec l'occupant. Ils sont fermés aux idées nouvelles. Ils rejettent la résurrection des morts. Ils sont en grande partie responsables de l'exécution de Jésus.

SAMARITAINS
Voir page 89.

SANHÉDRIN

Grand Conseil juif. Il compte 71 membres : les anciens, les grands prêtres, les scribes et docteurs de la loi. Il est soumis à Rome. Il s'occupe du gouvernement intérieur du pays et de la justice. Il se réunit au moment du procès de Jésus (Mt 27, 1).

SATAN

Accusateur, adversaire et ennemi des hommes. Dans l'Évangile, Satan désigne le Mauvais, les forces du mal, le démon ou le diable. Il s'oppose à Jésus mais il est toujours vaincu. Voir DÉMON.

SAUVEUR

Sauver quelqu'un c'est le tirer d'un grave danger, de la maladie, de l'esclavage, de la guerre, de la mort, du mal, du péché. A travers la Bible, Dieu apparaît comme le Sauveur. Les apôtres annoncent que Jésus est le Sauveur. La libération vient de lui et non pas de l'observation de la loi. "C'est par grâce que vous êtes sauvés". (Eph 2, 5)

SCRIBE

Expert de la loi juive. Docteur de la loi. Avec les prêtres, ils sont les guides du peuple. Beaucoup de scribes sont pharisiens. Certains font partie du Sanhédrin. Jésus leur reproche de ne s'intéresser qu'à la loi et non aux besoins des hommes.

SEIGNEUR

Ce mot est un titre royal. On s'adresse ainsi à l'empereur (Act 25, 26). C'est aussi un titre divin. Dans la Bible, on l'utilise pour s'adresser à Dieu. Les disciples de Jésus et les premiers chrétiens comprennent que Jésus est le Seigneur, c'est-à-dire Dieu. Ils refusent de reconnaître l'empereur comme Seigneur et Dieu.

SONGE

Pour les anciens, le songe ou le rêve est quelque chose de mystérieux. Ils ne l'expliquent pas par la personnalité de chacun. Ils pensent que c'est un moyen dont Dieu se sert pour communiquer avec les hommes, pour leur révéler des choses cachées, pour leur indiquer l'avenir, pour leur confier une mission.

SYNAGOGUE

Mot signifiant assemblée. Mais il désigne aussi et surtout le bâtiment où l'assemblée juive se réunit pour prier et pour écouter la Parole. Il y en a dans toutes les localités. Les livres saints sont déposés en un endroit spécial fermé par un rideau. Un pupitre permet de faire la lecture publique. Les offices ont lieu surtout le sabbat et les jours de fête. Jésus se rend à la synagogue avec ses disciples.

T

TEMPLE

Construction la plus importante de Jérusalem. Centre religieux du judaïsme mondial. Il existe depuis le roi Salomon (10e siècle avant J.-C.). Il a été détruit puis reconstruit. Au temps de Jésus, de grandes rénovations et constructions sont en cours. Elles ne s'achèvent qu'en l'année 64. Le Temple est composé d'une grande esplanade entourée de colonnades et d'un bâtiment central divisé en trois salles : l'entrée, le saint (ou sanctuaire) et le saint des saints (lieu de la présence divine). L'espace autour de ce bâtiment est divisé de façon stricte en différentes zones : un endroit où tous peuvent accéder : la cour des païens. Cette place est séparée du reste par un mur qu'aucun non-Juif ne peut franchir sous peine de mort. De l'autre côté du mur : la cour des femmes, la cour des hommes, la cour des prêtres. C'est là qu'est situé l'autel des sacrifices. Jésus se rend plusieurs fois au Temple et il annonce sa destruction. Le Temple est rasé à la fin de la guerre juive en l'année 70, six ans après son achèvement.

Voir plan de Jérusalem, page 228.

Z

ZÉLOTES

Révoltés juifs, ils veulent chasser les Romains par la lutte armée et rétablir l'ancien royaume de David. Barabbas, le prisonnier libéré lors de la Passion et les deux hommes crucifiés avec Jésus sont peut-être des zélotes. Ces révoltés jouent un rôle important dans la guerre des Juifs contre les Romains de 66 à 70. Elle se termine par la défaite juive et la destruction de la ville sainte et du Temple.

Table
des matières

DANS LA MÊME SÉRIE

Tome 2 :

DÉCOUVRIR L'ANCIEN TESTAMENT AUJOURD'HUI

Tome 3 :

VIVRE LES ACTES DES APÔTRES AUJOURD'HUI

ÉDITEUR :

ÉDITIONS DU SIGNE

B.P. 94 - 67038 Strasbourg (France)

Tél. : 03 88 78 91 91 - Fax : 03 88 78 91 99

CONCEPTION GRAPHIQUE :

STUDIO BAYLE

TEXTES:

ALBERT HARI - CHARLES SINGER

ILUSTRATIONS :

CHRISTIAN HEINRICH - NATALIE LOUIS-LUCAS - CHANTAL MULLER VAN DEN BERGHE

PHOTOGRAVURE :

PRISMO

IMPRESSION:

GRÁFICAS ESTELLA, ESPAGNE

OUVRAGE ÉDITÉ EN :

Allemand - Anglais - Espagnol - Français - Grec - Italien - Japonais - Portugais - Slovène

L'EMPIRE ROMAIN
AU TEMPS DES ÉVANGILES

BRETONS

GERMAIN

GAULOIS

ESPAGNE

Rome

ITALIE

MAURES

NUMIDES

CYR